挑戦 我がロマン

私の履歴書

鈴木敏文

日経ビジネス人文庫

はじめに

私は現在、セブン&アイ・ホールディングスという流通グループの経営の舵取りを行う立場にいる。傘下にコンビニエンスストア、総合スーパー、百貨店、レストラン、金融サービス……などさまざまな業態を持ち、海外子会社も含めると、店舗ネットワークの世界総計は約五万五千店、売上高の単純総計は十兆円を超える。

私が総合スーパーのイトーヨーカ堂に入社したのは一九六三年（昭和三十八年）、三十歳のときだった。当時、ヨーカ堂は本格的なチェーン展開を始めて三年目で出店数わずか五店舗、従業員数五百人、新興総合スーパーとして成長途上にあった。今から思うと隔世の感がある。以来半世紀もの間、日本の流通の歴史と共に歩んできた。

ただ、私は流通の仕事がしたくてこの世界に入ったわけではない。ヨーカ堂に転じる前は、出版取次大手の東京出版販売（現トーハン）の弘報課に在籍していた。そのとき、知り合った仲間たちと、今風にいえば、独立起業を計画し、スポンサーになってもらおうと訪ねたのがヨーカ堂で、なりゆきで転職することになった。

結果的に起業は実現不可能になったが、辞めるに辞められずにそのまま留まることになってしまった。そして、いつのまにか一生の仕事になった。人の人生は不思議なものだ。

人間にはいろいろな生き方がある。今日までこうだったから、これから先もこうしていこうと過去の延長線上で生きる生き方もある。対照的に将来に向けて明確な目標を立て、そこから逆算して、目標に至る道筋を着実に歩んでいく計画的な生き方もある。

一方、そのどちらにも属さない生き方がある。そのときそのときで直面するものごとに対して、「こうあるべきではないか」「こうありたい」と目の前に未来の可能性が浮かんだら、見て見ぬふりをせず、自分から懸命に取り組んでいく生き方だ。それが困難をともなう場合は、挑戦が求められる。

まわりから見ると、直線的でもなければ、最短距離でもなく、こっちで挑戦したかと思えば、またあっちで挑戦しと各駅停車で、しかも、自分から進んで困難の中に飛び込んでいるように見えるかもしれない。

しかし、本人からすると、そのときどきに出くわしたものごとに対して常に真正面から取り組んで、やるべきだと思ったことに挑んだ結果であり、生き方として決してぶれてはいない。結果として自分の人生が一段一段積み上がっていく。振り返ってみると、私はそんな生き方をしてきたように思う。

過去の延長線上ではなく、一歩先の未来からかえりみて何をすべきかを考え、挑戦する。これをブレイクスルー思考と呼び、日々の仕事のなかで実践するよう、グループを挙げて取り組んでいる。この言葉を借りて、ブレイクスルー的生き方とでも呼ぼう。

日本初の本格的なコンビニエンスストアチェーンであるセブン‐イレブン創業、それまでは家庭の味とされていたおにぎりや弁当などの日本型ファストフードの開発、コンビニの店舗にATM（現金自動預払機）を設置するための決済専門のセブン銀行の設立……等々、私の人生は常に新しいことに挑戦する繰り返しだった。

自分としてはその都度、「何か新しいことをやらなければならない」などと気負って考えたわけではない。いずれも、この状況においてはこうあるのが当然だと自分なりの発想の必然から生まれたものだ。

なぜ、そう思ったのか。ひと言でいえば、ものごとを過去の常識や経験で判断せず、世の中の変化を自分の目で見抜かなければならないという意識を普通よりは多少強く持っていたからだろう。

ただ、変化は目に見えにくいので、兆候を見抜くのはそう容易ではない。言葉でもなかなか説明しにくい。そこで、本書は私自身のブレイクスルー的生き方を通して、変化を見抜くための見方や考え方のヒントを提示することを一つの目的にしている。

本書は、日本経済新聞紙上で二〇〇七年（平成十九年）四月の一カ月にわたって連載した「私の履歴書」をベースに、紙面の都合上割愛せざるを得なかったエピソードや詳しい説明を大幅に加筆した。

特に経営の仕方や仕事の進め方に関する私の考え方をそれぞれのエピソードごとに提示し、実践例を読みながら少しでも多くのヒントを得ることができるように努めた。結果として、連載時の三倍近い長さとなった。連載を読んでいただき、多くの反響を寄せていただいた読者の期待にも十分応えられる内容になっていると思う。

「われわれの競争相手は競合他社ではなく、真の競争相手は目まぐるしく変化する顧客のニーズそのものである」――これがわれわれのグループの経営を根底から支える一貫して変わらぬ理念だ。

競争相手に勝つことが目的であれば、勝った時点で挑戦は終わる。しかし、顧客のニーズが真の競争相手だとすれば、今日は応えることができたとしても、明日はまたニーズは変化している。だから、今日の満足に留まらず、常に一段上のあるべき姿を追って、挑戦は限りなく続く。

今のままでも何とかなるだろうと易きに流れるのは簡単だ。ただ、人間は本来、善意の生き物であり、よりよく生きたい、より成長したいと望む存在であると私は思っている。

とすれば、挑戦し続けることこそ、人間らしい生き方といえる。だから、何かに挑戦しようとするとき、初めは反対していた人々もやがて心強い協力者に変わって、支援してくれる。私自身、自分一人の力では何もできず、これまで多くの人々の助けを受けて今日に至った。

何よりも、本書を通じて人として挑戦することの素晴らしさを感じ取っていただけることを願ってやまない。

鈴木敏文

目次

第2章 「やるべきこと」に挑戦する日々

第3章 日本の流通を変えたセブン-イレブン創業

第6章　流通革新の第2ステージへ向けて

第１章

常識打破が仕事の原点

東販時代、広報誌を改革

文豪との日々

目の前で大作家の谷崎潤一郎さんと女優の淡路恵子さんが楽しげに談笑している。場所は歌舞伎座の近くにあった銀座東急ホテルの一室。一九六二年(昭和三十七年)の夏のことだ。

そのとき、二十九歳の私は出版取次大手の東京出版販売、通称東販(現トーハン)の弘報課に勤務し、『新刊ニュース』という隔週刊の広報誌の編集を任されていた。

出版取次業の強みで版元を通せば、たいていの作家や文化人に登場願えた。谷崎翁もあまりメディアに出ていなかったが、中央公論社の紹介で熱海のご自宅を訪ねると、「有馬稲子、岡田茉莉子、淡路恵子の三人のうちの誰かとだったら対談する」と三大女優の名前を挙げられた。

日程が合った淡路さんに直接ご自宅までお願いに伺った。

当日は晩年の代表作、舅と嫁の日常を通して老人の性を描いた『瘋癲老人日記』の話題が中心で、文豪はひいきの女優を相手に上機嫌だった。

当時の新刊ニュースは発行部数十三万部を誇った。ただ、前の年まではわずか五千部と非常に地味な存在だった。作家の寄稿なども多少入っていたが、「本をたくさん買う読書家向けの冊子だから」と新刊目録が中心だった。

そのため、私の仕事はといえば、毎日出版される何十冊もの本に目を通し、書評にまとめる仕事に明け暮れた。部数を増やしたくても「これ以上宣伝費はかけられない」と課長はその気がない。無料配布で、費用は書店と東販が折半していた。

ならば中身を面白くして代金をもらってはどうか。読書家も本だけを読んでいるわけではない。本を読む人であればあるほど、ホッとした息抜きの冊子がほしいのではないか。

そう考えた私は、新刊目録の数を減らして軽めの読み物を増やし、判型も従来の半分のコンパクトなB6判に変えて、一冊二十円で販売する改革案を出した。

ところが、部長も役員も「われわれプロの長年の経験からしてそう簡単に売れるもんじゃない」とまったく取り合わない。

私はどうしてもあきらめきれなかった。そこで、あるとき、部屋が隣の企画室長に話してみた。事態は急転する。企画室長が実力社長といわれた池辺伝さんに伝えてくれたのだ。

「役員会で発表しろ」

池辺社長は私の改革案に関心を持ち、役員会でプレゼンテーションをする機会を与えてくれた。そして、役員会で発表すると、社長のひと声で、消えるはずだった改革案は一転、日の目を見ることになった。

あきらめずにいろいろな可能性を試せば、どこかで誰かの目にとまり、必ず賛同者は現れるものだ。私は仕事人生において、数多くの運に恵まれるが、運は特別な人間に訪れるものではなく、自分のやりたいことを何とか実現させたいと可能性に挑戦する人に味方するようにも思う。

やるべき価値があったら挑戦する

広報誌の改革案は自分の発案だから企画、編集、取材、原稿執筆、制作と何でもこなし、オールラウンドでいろんなことが学べた。

企画も斬新なものばかりだった。新世代の作家といわれた大江健三郎さんと女優岡田茉莉子さんの異色対談、売れっ子作家吉行淳之介さんから旧友を聞き手にして引き

最近の筆者

出した秘話、新進SF作家星新一さんのショートショート、『週刊文春』でトップ屋として活躍していた梶山季之さんの雑文……等々、どの企画も好評でリニューアル版は部数を二十倍以上に伸ばし、その年のPR誌コンクールで資生堂の『花椿』に次いで優秀賞に選ばれた。

「本を売る会社のPR誌なのだから新刊目録をできるだけ多く入れるべきだ」「読書家向けには新刊目録が多い方がよい」という以前の編集方針は、出版物が少なかった時代の経験に縛られた考えだった。

しかし、思い込みをなくし、頭をまっさらにして考えると、「読書家はより多くの新刊目録を求める」という前提は売る側が主体となった考え方で、単に自分たちの納得しやすい話にすぎず、本当のようなウソであることがわかる。

こんなに苦労してつくっているのだからもっと多くの人に読んでもらいたい。寄稿してくれる作家の方々にも申し訳ないという思いも強かった。出版のプロを自任する上司たちには反対されたが、自分としては何としても改革案を実現させたい。素人なりにそう考えたとき、行動に移っていた。

やるべき価値があると思ったら中途半端にできない。損な性分と思うときもあるが、それが私という人間だ。その後もセブン-イレブン創業、流通業界の常識や慣例打破、銀行設立……と「不可能」と言われても挑戦していった。

『新刊ニュース』の編集ではほかにも井上靖さん、山岡荘八さん、安部公房さん、大宅壮一さん……そうそうたる顔ぶれと出会った。これがその後、私に一大転機をもたらす。経緯は追って話すことになる。

この出会いと並んで東販時代にはもう一つ、私にとっての原点がある。それは〝隠れた大学院〟ともいうべきものだった。

統計学と心理学を猛勉強

研究所に配属

東販（現トーハン）には一九五六年（昭和三十一年）四月に入社した。翌月、東京・練馬区の豊島園グラウンドで社内運動会が開かれた。

私は高校時代の陸上選手経験を買われて百メートル走に出場し、十一秒八の社内新記録を樹立する。四百メートルリレーにも優勝し、走者ごとに走る距離が増えていくスウェーデンリレーでは二位を半周以上引き離して圧勝だ。会社の陸上部に誘われ、入部する。

一方、仕事では地味な実地研修をこなす毎日が続いた。

最初の部署は返品係だ。書店から返品される本を仕分けし、梱包して版元に送る。次は店売係へ移った。直接本を買いにくる近隣の書店の対応をする。どちらも出版社の名前と本や雑誌の特徴を覚える実習だった。

閉口したのは毎朝一時間みっちり行われるそろばんの練習だ。高卒組は珠算二～三

東販陸上部の仲間と（手前右から2人目）

級を取得済みで二級、一級へと進むが、私は三級もとれない。

学卒組でその日の成績トップには帰りにビールをジョッキ一杯ずつ仲間におごらせ、二番手にはつまみ代を持たせた。私は一度もおごらず、「おれたちはそろばんを習うために入ったんじゃない」などと負け惜しみを言っていた。

東販は戦争中に大小の出版取次を強制的に統合して設立された国策会社、日本出版配給株式会社を母体にして、戦後、いくつかに分割されて発足した取次会社の一つで、お役所的な文化が色濃く残っていた。

四角四面で堅苦しい会社に入ってしまったな。そう思っていると六カ月後に辞令が下りた。配属先は出版科学研究所。東販が出版業界の近代化をはかるために設立したばかりの調査研究機関だった。

経営の基礎を学ぶ

当時の出版業界はまだ近代化されておらず、統計らしきものはほとんどなかった。出版物をより広く普及させるため、どの分野の出版物がどのくらい出ていて、どんな読者がどう受け止め、どのような出版物を求めているか、データを収集分析する。すべてゼロから始める仕事だ。

実質的に仕事人生の第一歩を踏み出した私は、ここで経営における二つの重要な視点を体得することになる。統計学と心理学だ。

昼間は重いテープレコーダーをかついで全国各地を飛び回って読者インタビューを行い、結果を統計処理してレポートにまとめる。当時、新宿区若松町にあった総理府統計局（現総務省統計局）へ通って家計調査報告を調べたり、区役所で住民台帳からサンプルを選んだりもした。

夜は夜で、慶應大学や立教大学の先生を招き、統計学と心理学の講義を受ける。データの納得性を高めるには学術的に調査する必要があり、統計学を懸命に習得した。

客観的なインタビューを行うには、誘導により回答者が心理的な影響を受けないよう質問の仕方が重要で、心理学の知識も不可欠だった。統計学と心理学は仕事で使いこなせるようになるまで、本当に猛勉強の毎日だった。

この間データをつくる側を経験したことで、世間に出回るデータを見ても必ずしも鵜呑みにしない目が鍛えられ、ちょっとしたデータの変化にも突っ込んで考える習性を身につけた。

後に私は、「データ主義の経営者」と評されるようになる。日々の業務に何らかの問題がある場合、いろいろなデータをとって比較検討すると、必ず問題が表れるため、データの検証を重視するからだ。人間の身体もどこかに不調が生じると、検査データの異常値となって表れるのと同じだ。

もちろん販売や仕入れの担当者だったら、データばかりでなく、現場も重要だ。ただ、私は経営という立場で全体をとらえなければならない。データからどれだけ問題点を見抜けるか、その目が求められる。その基礎はこの時代に培われた。

また私は、「現代の消費社会は経済学だけではなく心理学でとらえなければならない」とことあるたびに心理学経営の重要性を唱える。これも人の心理を知る大切さを身をもって学んだ体験が大きい。

計算ずくの生き方は不得意

統計学と心理学、二つの視点を二十代のころに仕事を通して、理論を実践で検証しながら徹底してたたき込まれた日々は、まさに履歴書には表れない貴重な〝大学院〟だった。

二〇一四年（平成二十六年）まで、セブン&アイ・ホールディングスの社外取締役を引き受けていただいた野中郁次郎・一橋大学名誉教授は、人が得る知識について、主に経験によって蓄積され、言葉などで表現することが難しい暗黙知と、言葉で表現される形式知を対置し、両方を循環させながら新しい知を生み出す知識創造理論の世界的な提唱者として知られる。

そして、二つの知のあり方の中でも、新しい知を生み出す源泉として、暗黙知を特に重視されている。私自身、これまで五感を使って全身で獲得した暗黙知をわかりやすい形式知に置き換えながらビジネスや商売を展開してきたように思う。

何ごとも貪欲に吸収する若い時代に仕事を経験しながら学んだことは、貴重な暗黙知となってその人の中に蓄積される。それはビジネス人生において、大きな力の源泉になるはずだ。

私の場合、若いときに学んだ統計学と心理学は単に頭で勉強した学問ではなく、仕事を通して、理論と実践の両面から体に染みついたものの考え方や見方だ。だからデータを見ても意識せずにその意味合いを考える習性があるし、世の中の出来事についても直観的にそこに表れた心理を読みとろうとする。

大切なのは、こうした習性を若いうちから身につけることだ。

最近は、新卒で入社してもすぐに転職する傾向が強まっているようだが、最低でも三年は同じ会社で仕事を経験してみるべきだと私は思う。「石の上にも三年*」の諺は今でも生きている。

その後、私は七年半の東販時代を境に舵を大きく切り、総合スーパーとして急成長中だったイトーヨーカ堂へと転じる。ただ流通業をやりたかったわけではない。その経緯も述べることになる。

現在、縁あって私はトーハンの取締役も務める。もし当時そのまま会社に留まっていたら、どうなっていただろう。人生は巡り合わせが多分にある。

もともと計算ずくの生き方が不得意で、振り返ると結構行き当たりばったりの生き方をしている。

ただ直面したことにはその都度、懸命に取り組んだ。この生き方は多分に私の子供時代に培われたように思う。ここで私という人間の原点をたどってみたい。

*石の上にも三年……冷たい石も三年座り続ければ、暖かくなる。辛く苦しくても、頑張って継続すれば力になる。

厳しかった母のしつけ

長野の旧家

私は長野県東部、千曲川が流れる盆地の町、埴科《はにしな》郡坂城《さかき》町で一九三二年（昭和七年）、両親の九番目の子として生まれた。鈴木家は十五代続く地主の家系で、厚い茅葺き屋根の母屋は当時すでに築二百年以上が経っていた。

ほかにも土蔵や作業小屋などが六、七棟あり、防火用に屋根が二重になった土蔵には槍や鎧も残っていた。昔は敷地内に二十棟近く建っていたという話だ。

農業、養蚕業を家業とし、人を何人も雇い、小作にも出していた。

長兄は私が生まれる前に亡くなり、十九歳年上の長女の下が次兄、その下に女子が五人続いたため（一人は夭逝）、男子誕生に父はたいそう喜んだそうだ。二年後には末子の四男が生まれた。

私の子供のころの記憶の中で多くを占めるのは母の厳しいしつけだ。

間違ったことは許さない

人手は十分あった。しかし、「働かざる者食うべからず」。それが母の鉄則だった。毎朝子供たちは広い庭の掃除を終えないと食卓につくことができない。休日もニワトリやウサギの餌をやり、田んぼの草をむしり、養蚕期には桑の葉を摘んできて蚕の世話をしなければならない。

「なんでうちだけこんなにやらされるんだろう」

遊んでいるよその子供たちを見ては、羨ましい思いに駆られた。

礼儀作法はもちろん、「絶対に間違ったことをしてはならない」が口癖で、善悪のけじめには特に厳しい。ウソをついたり、少しでも投げやりなことをするときつく叱られ、土蔵に閉じこめられた。

子供時代の私は体があまり丈夫ではなく、小学校へ上がる前に高熱を発して長く入院し、脳膜炎を疑われたこともあった。それでも、母は甘やかすことがない。厳しく叱られたときなど、「自分は本当の子ではなく、橋の下から拾われてきたのではないか」と子供心に真剣に思い、急に悲しくなったりもした。

両親。長野県坂城町の実家で（1956年ごろ）

やると決めたら最後までやり抜く

母、比サ美は温泉で知られる隣の上山田町（現千曲市）の造り酒屋に生まれた。父親が慶應出身で昔東京でジャーナリストをしていたこともあってか、学校は東京府立第一高等女学校（現都立白鴎高校）に通い、十九歳で七つ年上の父、甚四郎の元へ嫁いだ。

父はもっぱら農協の組合長、町長など公職に就いていたため、家の仕事は母が一切を切り盛りした。

子供も次々生まれる。子育てに、家事に、家業にと追われるような日々だったはずだが、婦人会などの社会活動にもかかわり、市川房枝さんや奥むめおさん（主婦連創設者）ら婦人運動家とも親しく交流があった。

NHKラジオの地元放送で胎教の大切さについて講話もしていた。

そして、少しでも時間が空くと寸暇を惜しむように机に向かい、本を読んだり、書きものをしていた姿を今も鮮明に覚えている。

三十九歳で私を生んだ母は教育熱心ではあったが、その教育はいわゆる受験勉強のようなものではなく、まさに「躾」だった。

普段は子煩悩で家庭は温かい。厳しさと慈愛。明治の女そのものだった。ものごとの善悪をきちっとわきまえ、やると決めたことは中途半端にせず、最後までやり抜く。道端に木が倒れていたら、みんなは通り過ぎて行っても見て見ぬふりができない。

毅然として曲がったことが大嫌いだった母親から、私は多くを受け継いでいる。

地元名士が頻繁に集う

面倒見のよかった父

私が生まれたとき、父、甚四郎は四十六歳だった。日露戦争中に多感な十代を送り、旧制中学卒業後、志願して軍隊に入ったほど真面目で一本気な性格で、退役後は農協組合長や坂城町長などの公職を務めた。

家には頻繁に地元の政治家や名士が集まった。議論好きの信州人たちは決まって夜遅くまで話し込む。面倒見のよい父は誰かれとなくよく相談に乗っていた。この光景が後に私の進路とかかわりを持つことになる。

厳格な父親だったが、私は女の子が五人続いた後の男子だったためか父には随分と可愛がられ、いろいろなものを買ってもらった記憶がある。

家には農耕用の馬がおり、父は外出時にも乗っていた。私はこの馬が大好きでよく乗せてもらった。「赤ん坊のころ、あんたは泣いていても馬を見せると泣きやんだ」と姉たちからよく言われたものだ。この姉たちが、家の仕事を切り盛りする多忙な

小学6年生終わりのとき（前列右端）

母にかわり、私の面倒をよく見てくれた。年上が年下の世話をするのも母のしつけだった。

私が高校生のとき、父兄会に出たのは三歳年上のすぐ上の姉だ。高校で生徒会長を務めたときも、送辞や答辞の原稿は自分で考えるが、清書は書道がめっぽう得意な姉たちの出番になる。後の話だが結婚も上から三番目の姉が世話を焼いてくれた。

母の厳しいしつけがある一方で、面倒見のよい姉たちにいつも囲まれて育ったことは、その後、まわりから見れば人生の一大事のように見える転機でも、自分では「何とかなるだろう」と楽観主義でいられたこととまったく無縁ではないように思える。

敗戦、農地解放……子供心に不安がよぎる

坂城での子供のころの思い出は信州の豊かな自然に包まれている。

春はリンゴ畑が白い花で覆われる。夏は千曲川で泳ぎ、秋には仲間と秘密の場所でマツタケやアケビを狩り、冬は竹でつくった手製のスキーで登校する。

わが家は山ろくにあり、山肌を切り開いた畑を登って行くと、眼下に千曲川が流れる。川沿いに蒸気機関車が煙をたなびかせ遠く走り去るのを飽きもせず眺めてい

た。

小学校へは同じ集落の仲間と十人ぐらい連れ立って通ったが、ある日、帰り道にいたずら心でリンゴを盗んでかじっていたら運悪く見つかった。学校にばれて翌日全員正座させられみっちり油をしぼられた。「間違ったことはしてはならない」という母のしつけが効き始めるのは、どうやらもう少し先のようだ。

小学校時代の仲間とは「申酉会《さるとりかい》」と名づけて今でも毎年地元で同期会を開き、ほとんど出席して思い出話に浸る。仲間との年一回の顔合わせが心をホッとなごませてくれる。

時代は太平洋戦争まっただ中だった。平穏な山あいにもその気配は漂ってきた。ある夏の日、防空壕を掘っていると正午から重要な放送があるという。ラジオはザーザーと雑音でよく聞き取れなかったが、母が情報を集めてきて敗戦と知った。日本が負けた。いっぱしの軍国少年気取りで、日本が負けるはずなどない、いつか自分も兵隊になるんだと思い込んでいたから、これは大変なことになったと十二歳なりに呆然とした覚えがある。

学校では教科書に墨塗り。同じ先生が昨日と今日でこうも言うことが変わるものか。一番衝撃的だったのは農地解放だった。自作農創設のため、地主だった鈴木家の土地も自分たちで耕す田畑以外はすべて小作の人たちに解放された。

わが家はこの先どうなるのだろう。漠然とした不安。初めて体験する時代の変化だった。

口頭試問で中学受験に失敗

あがり症を治そうと弁論部へ

終戦を迎える年の春、私は旧制上田中学（現上田高校）の受験に失敗する。学校の成績は悪くなく、私が落ちるとは誰も思わなかった。原因は極度のあがり症にあった。

口頭試問であがってしまい、何も答えられない。一緒に受けた仲間から試験後、「なんであんな簡単な質問に答えられないんだ」とあきれられた記憶が今も残る。

小学校の高等科に一年間通い、翌年また受験の季節が巡ってきた。戦時中は中学から陸軍士官学校へ進むのが男子憧れのコースだったが、すでに戦争は終わり、社会は混乱のまっただ中だ。

わが家は農家で養蚕も手がけている。この際、実業学校で技術を身につけた方がいいという両親の勧めで、一九四六年（昭和二十一年）四月、小県蚕業《ちいさがたさんぎょう》学校（現上田東高校）へ入学した。

私は自分のあがり症が歯がゆくて仕方なかった。家では本をすらすら読めるのに、学校で先生から急に当てられると頭の中が真っ白になり、うまく読めない。答えはわかっていても引っ込み思案でみんなのあとからおずおずと手を挙げる。

父の職業柄、わが家は来客が多いが人見知りも激しかった。

このままではどうしようもない。性格を何とか変えようと、学校の部活動で自分から選んで入ったのが弁論部だった。人前で話す練習をするためだが、これがそうは簡単にはいかなかった。

忘れられないのは上田地区六校の弁論大会で三位に入ったときのことだ。審査員の講評で弱点を突かれた。「論旨もいい、言葉もはっきりしていた。ただ問題は態度だ」と。

実は演壇で話すことはできたが、客席には一度も目を向けることができず、ずっと窓の外を見ていた。梅の木があり、雨が降るなか、スズメが一羽枝に留まっていた。今でもはっきり目に浮かぶ。

高校3年生の修学旅行で大阪城へ(右から2人目)

もう一つの劣等感

小県蚕業学校は戦後の学制改革により、途中で新制の小県蚕業高等学校に変わったため、結局、私の学年は六年間在籍した。この間徐々にではあるが人前で話すことにも慣れてきて、高校時代は推されて生徒会長に就任した。

私にはあがり症のほかにももう一つ劣等感があった。兄弟は皆、足が速く、運動会でもリレー選手に選ばれるが、私だけが遅い。小学生のころ、姉たちから、「敏ちゃんは背が高いのにいつも後ろを走っているね」とからかわれ、悔しい思いをした。

もともと走るのは嫌いではなかったから、足の遅い自分に納得できない。

これも克服しなければいけないと弁論部のほかに陸上部にも入った。一生懸命走り込みをするうちに次第に速くなり、高校三年のときには短距離選手として県大会に出場するレベルにまでなった。

人間、自分でやろうと考え、決めたことであれば何とかできるようになるものだ。

ただ、根本的な性格は治らないようで、今でも初対面の人と話すときなどにあがってしまうことがある。

講演や講話はさほど苦にならない。自分の知っていることだけを自分の知っている簡単な言葉で話せばいい。極度のあがり症人間が身につけたコツだ。背伸びをしてどこかで聞きかじったことや付け焼き刃の知識で話したりしないことだ。自分のものになった知識で、具体的な例を挙げたりしながら話せば、特に難しくはない。

しかし、一対一で話すのは今でも不得意で雑談が続かない。三〇分も話しているとネタが切れ、何を話していいかわからなくなる。三つ子の魂百まで、ということだろうか。

それでも経営者の仕事は何とかこなしている。いくら会話が弾んでも、〝漫談〟で終わったら何の意味もない。それはコミュニケーション能力でも何でもない。

コミュニケーション能力にとって、会話術は一つのスキルだが、政治家のように雄弁であっても、口先だけと思われたら何も伝わらないし、相手を動かすこともできない。

後に私は周囲を説得する場面にたびたび遭遇するが、説得にとって会話術は一つのスキルではあってもすべてではない。

専門大学から中央大学へ志望変更

新入生歓迎の辞で痛恨のミス

生徒会長を務めた高校時代のとある失敗がなぜか脳裏にこびりついている。新入生を迎える入学式でのことだ。在校生を代表して「歓迎の辞」を述べた、つもりだった。席に戻るとみんながざわついている。聞けば、私が「歓迎の辞」と述べるところを「送辞」と言っていたという。卒業式で送辞を読んだ翌月だったのでつい間違えたようだ。「送辞」では入学したばかりなのに送り出してしまう。新入生には申し訳ないことをしたと、今も悔いが残る。

ずっと忘れられずにいるのは、私にはどこか自意識過剰なところがあったのかもしれない。それがあがり症の原因にもなっていたようにも思う。

英語劇や映画館通いで青春を謳歌

高校の創立六十周年記念祭では英語劇をやり、主役の名探偵シャーロック・ホームズを演じたことがある。同じころアメリカの高校生と文通もした、と書くと、いかにも英語力があったように思われるかもしれない。

後年、ニューヨークへ出張した際、ホテルでエレベーターに飛び乗ったら先客に「何階だ」と聞かれた。「トゥエルヴ」、と答えたつもりが通じない。三、四回繰り返しても埒《らち》があかないので自分でボタンを押した途端、「オーッ」と意味不明の反応が返ってきた。

実業学校の悲しさで英語の授業は二の次で、発音の基礎ができていなかった。自分では今後一切英語は話すまいと決めた。その分仕事では徹底して優秀な通訳を使い、それが困難な交渉を乗り切る強い味方になってくれたのだから、ケガの功名とも言える。

高校時代の楽しみといえば、学校帰りに観る映画だった。校則違反ではあったが上田の映画館によく寄った。

『青い山脈』『羅生門』『細雪』『シベリア物語』……中でも『石の花』というソ連映

画は鮮明に覚えている。題材はウラル民話だが、戦後初めての「総天然色映画」が目に焼きついた。

蚕《かいこ》の世話をしながら受験勉強

そんな日々を送るうちに進学を考える時期を迎えた。小県《ちいさがた》蚕業高等学校からは上田蚕糸専門学校（現信州大学繊維学部）へ進むのが既定路線で、私も初めはそのつもりでいた。

それが「普通の大学を受験したい」と思い始めたのは、多分にわが家の環境による。農協組合長や町長を務めた父の元には頻繁に地元の政治家が出入りし、政治談義が白熱する。その中に三十四歳の若さで衆議院議員に初当選した井出一太郎さんもいて、特に両親と親しかった。

井出さんは、後に田中角栄内閣が金脈問題により総辞職したあと、総理大臣の座に就いた三木武夫政権下で内閣官房長官を務めた。ロッキード事件が発覚し、解明を急ぐ三木首相に対し、大多数を占める反主流派から〝三木おろし〟の動きが出ると、党内基盤の弱い首相を全力で支えた政治家だ。

英語劇で主演(中央)

門前の小僧で政治に関心を持つようになった私も、若き熱血漢の井出さんに強く影響を受け、政治家に憧れて大学進学を志望するようになった。

ただ、実業学校から大学を受験するのは容易ではなかった。英数国などの授業が少ないうえ、授業中でも空模様があやしくなると、蚕の餌の桑の葉が雨で濡れる前に採りに行かなければならない。

夜も給桑のため、春と秋の飼育期間中は一カ月間、交替で学校に泊まり込む。すべて蚕中心で机に向かう時間は限られる。それでも同期には、「今は普通学校より手に職をつけた方がよい」と入学した優秀な仲間がかなりいて、私と同様に大学進学を志望して、多くが有名な国立大学や私立大学へ進んだ。

私は「政治家志望なら経済を勉強しておけ」と井出さんに助言され、一九五二年（昭和二十七年）、中央大学経済学部へ入学する。

思えば、弁論部に陸上部に生徒会長に受験勉強にと充実した高校時代だった。養蚕教師の資格もとった。もはや役に立たないが、今もどこかに免状は残っているはずだ。

政治家を志望して国会通い

大学で学生運動を経験

漠然と政治家を志望して中央大学経済学部に入学して一年目は、下宿と学校と国会界隈を行き来する毎日だった。

山手線恵比寿駅の近くにあった賄い付きの下宿から弁当を持って、御茶ノ水にあった大学へ通う。授業の合間には喫茶店にも映画館にも入らず、国会を傍聴したり、議員会館に寄って、井出一太郎さんや増田甲子七さん（元防衛庁長官）ら、長野県選出で父と親交のあった政治家の部屋に顔を出す。

今から考えれば奇妙な学生だったが、当時は若いなりにそれで何かが身につくと本当に思い込んでいた。

ところが、二年生になり、私の学生生活は思わぬ方向に進む。

二年生で全学自治会書記長に

中央大学には、「経済学会」という伝統的なゼミがあった。今も続き、二〇〇八年（平成二十年）には創立百周年を迎えている。

私は二年生になり、きちんと経済学を勉強しようと経済学会に入った。ここでゼミの先輩から「自治会に入ってくれ」と強引に推挙されてしまう。高校での生徒会長経験や国会通いをするほど政治に関心を持っていることを知って適任と思ったらしい。

全学自治会百五十人の中から中央委員三十人の一人に推されると、すぐに庶務部長に選ばれた。そして二カ月後には書記長になっていた。

事情はこうだ。全学自治会は左派と右派に分かれており、左右対立により就任まもない三役が総辞職に追い込まれた。そこで右でも左でもなく、何かとあるべき論を唱えていた私に突然大役が回ってきた。二年生の書記長は大学始まって以来だった。

選出された以上、やるべきことをやるだけだ。当時、学内は「学生選挙権はく奪問題」で揺れていた。

大学時代のゼミ仲間と（中央右から4人目）

「黒幕」のあだ名

発端は「学費の大半を郷里からの仕送りに頼る学生の選挙権は修学地ではなく郷里に置く」とする自治庁（当時）の通達だった。

地方出身の学生は選挙のたびに郷里に戻って投票しなければならなくなる。この通達は都市部で学生票が社会党などの革新政党に流れるのを抑える意図があったとされる。

これに対し「実質的に学生の選挙権をはく奪するものである」と、各大学の自治会が通達の撤回を求め、選挙権擁護の学生運動を展開した。中央大学でもデモや抗議集会を繰り返した。私は書記長という立場から、議論をじっと聞いていて、紛糾すると先頭に立って収拾する役回りを果たした。

集会では私も演説を行う。学生運動の演説だから原稿など用意しない。何か話さなければならないから強制的に頭を使い、自分の知っていることで話をしようとする。

聞き手の反応を見ながら頭をフル回転させると、あっ、この話はみんな聞いてくれそうだ、われながらいいことを言っている、これは使えるな、とネタが浮かんでくる。

私は今も講演や講話の大半は原稿なしで行うが、この即興力は学生運動の演説で鍛えられたところが大きい。

結局、選挙権はく奪問題は最高裁が学生の選挙権は修学地にあるとの判断を示して決着する。

一方、私の方は学生運動にかかわっていることが郷里の親に知られてしまう。「そんなことのために大学に行かせているのではない」「続けるなら一円たりとも仕送りはしない」と最後通牒を突きつけられた。

仕送りを止められてまでのめり込むつもりはない。書記長は二年のとき一年間だけで退いた。

ただ、以降も左右対立が表面化して混乱するたびに両派から調整役を頼まれ、出て行くはめになった。いつの間にか「黒幕」という不似合いなあだ名がつけられた。

私は自分から「オレがオレが」と出て行くタイプではないが、目の前に何か問題があると見て見ぬふりをすることができない。そのときどきに出くわしたものや外から飛び込んできたことも自分の中に取り込んでしまい、しかも中途半端にできない。

その後の私の人生でも一貫する生き方だ。

五大学ゼミで鍛える

全学自治会の書記長を退いたあと、三、四年生のときは、入会したままあまり活動に参加できずにいた「経済学会」で近代経済学の勉強に力を入れた。

東京大学、一橋大学、早稲田大学、慶應大学、中央大学の五校の学生たちで主宰するインターゼミにも積極的にかかわった。各大学が持ち回りで研究会を開く。レベルが高く大学の試験の方がよっぽど楽だった。このときの仲間が社会に出てからも力になってくれることになる。

青春の日々

恵比寿の下宿は代々信州出身者によって継承されていた。六畳間に二人。私は早大生で後に日本経済新聞社で編集局長、専務と進む太田哲夫さんと同室だった。

三食賄い付きで下宿代は月千五百円、途中から二千円に上がる。昭和三十年前後で米はまだ統制が続き、毎月郷里から一斗（十升）送ってもらった。

他にサツマイモや果物なども送ってくるので、下宿のおばさんを通して、行きつけの銭湯や中華そば屋のおねえさんにも渡してもらう。おばさんは鼻が高いし、われわれもたびたび御利益があった。

太田さんとおばさんの息子と私の三人で中華そばを食べに行くと、おねえさんが小声で「あんたたち今日はお代はいいわよ」と声がかかる。銭湯では湯上がりに、確か主人の姪だった番台のおねえさんに頼み、内緒で売り上げの中からお金を少々借りて遊びに出かけたりもした。

三人で五百円借りて渋谷のトリスバーでハイボールを頼み、帰りのタクシーに七十円使っても十分足りた。

株式投資で小遣い稼ぎ

株式投資を覚えたのもこのころだ。証券会社に就職した先輩に勧められたのがきっかけだった。経済の勉強にもなると始めたのだが、相場は右肩上がりが続き、信用買いや仕手株も手がけた。

信用買いは、証券会社から資金を借りて株式を買うやり方。仕手株は短期的に大きな利益を得ようとして大量に投機的売買を行ったりする集団（仕手筋）が好んで取り引きの対象にする株式のことだ。学生ながら、いっぱしの投資家気取りで、そこそこ小遣いを稼ぐことができた。株はその後も続けるが、てんまつはあとで述べる。

高校時代に陸上部で鍛えた足で稼いだこともある。当時は東京でも町内ごとに運動会が開かれた。風呂敷片手に着物姿で渋谷区のあちこちの運動会に出かけ、飛び入りで参加する。いわば、賞品目当ての運動会荒らしだ。ちり紙などの日用品の戦利品を山ほど持ち帰り、下宿のおばさんにあげて喜ばれた。

そんな牧歌的な青春の日々から一転、学生運動にかかわったことが私の人生に影響を及ぼすのは就職試験の季節を迎えてからだった。

ブラックリスト

大学に入った当初は漠然と政治家に憧れたが、多少は社会を見る目ができてくると、かつてほどは政治に興味を感じなくなっていた。

民間の企業に就職するか。しかし、学生運動で活動した人間はブラックリスト（要注意人物リスト）に載せられ、通常の就職はほとんど道が閉ざされていることをこのときになって知った。私の生き方はやはり、どこか行き当たりばったりだ。

中央大学の仲間と(後列右端)

門戸を開いているのはマスコミぐらいだ。政治に関心を持ったときにジャーナリストになる道も考えていたので新聞社の入社試験を受けた。

ここでまたあがり症の性格が頭をもたげ、筆記試験は通っても面接で落ちる。大勢の前で話すのは大分慣れたが一対一の面接になると、どうしても苦手意識がぬぐえなかった。

農協の県の幹部を務めていた父親のつてで、主に農家向けの雑誌『家の光』を百万部以上出していた家の光協会が採ってくれるという。ところが、方針が急に変わったとかで、その年は一人も採用しないことになった。就職シーズンはすでに終盤に入っていた。

結局、家の光協会の役員の紹介で東京出版販売の試験を何とか受けることができて、合格した。

一九五六年(昭和三十一年)に入社。ここから私の仕事人生が始まるが、その後、流通業界に進むことになるなど、当時はまったく予想もしなかった。

第2章

「やるべきこと」に挑戦する日々

独立プロをつくるつもりでヨーカ堂へ

結婚そして転職

東販では、最初は出版科学研究所で調査活動に三年あまり携わり、次いで弘報課に異動し、広報誌『新刊ニュース』を全面的に刷新して部数を五千部から十三万部に伸ばした経緯は初めに述べた。

大学時代に始めた株式投資は東販入社後も続けたが、中央大同期の同じ信州人で不動産業に進んだ小笠原英一君と組んでこんな副業もした。

宅地化が進む東京近郊で宅地に転換できそうな農地を見つけ、価格の一割だけ手金を打って権利を確保しておく。農地転用の申請を行い、認可が下りたら転売する。昭和三十年代の高度成長期で地価は三〜六カ月で三〇%くらい上がる。ここは宅地にしたら売れるという見通しがつけば、結構サヤを稼ぐことができた。会社勤めの身でそんなことができた時代だった。

この間、世話焼きの姉たちから、「お前はたいして親孝行をしていないから早く結婚して親を安心させろ」と急かされ、一九五九年（昭和三十四年）、二十六歳のとき、二歳年下の妻、美佐子と結婚した。

姉の嫁ぎ先の紹介で春先に見合いをし、四月の皇太子ご成婚後の結婚ブームの中で十月挙式。二年後に長男が誕生する。

ところが、結婚をして家庭を持ち、子供も生まれたのに三十歳の声を聞くころになって、自分の生き方に対して悶々とした思いが湧き上がってきた。

広報誌の仕事ではどんな大作家にも著名人にも会える。それは東販という大きな看板が後ろにあるからで、実力でも何でもない。各分野で個人として活躍される人たちに会うたびに逆に自分の小ささを感じた。

そんなとき、評論家大宅壮一さんの門下生たちと一緒に、テレビ番組を制作する独立プロダクションを設立する話が持ち上がった。今風に言えば、独立起業だ。

昭和三十年代の後半で娯楽の主役は映画からテレビに移りつつあった。「これはやるべき価値がある」。そう思い立って、さっそくスポンサーを探すことになり、以前訪ねた会社を思い出した。確かヨーカ堂といった。

ヨーカ堂入社、すぐに後悔

その一年前の話だ。漠然と転職を考え、相談した友人の小笠原君が、取引先の流通企業で「うちに来てくれそうな人はいないか」と聞かれ、私の名前を挙げたという。

「そのヨーカ堂って何の会社だ。スーパーって何だ」

私はヨーカ堂の名前はおろか、総合スーパーという業種についても知らなかったほど、流通業にはまったく関心がなかった。大学の仲間が百貨店に就職したときも、「百貨店のどこが面白いんだ」などと減らず口を叩いたくらいだ。

それでも友人の顔を立てて面接を受けるため、足立区千住にあったヨーカ堂の本部を訪ねた。木造で歩くときしぎし床が鳴った。担当の幹部に会うには会ったが、そのままになっていた。

スポンサーを探すにも、ほかに思いつく会社もない。面接から一年後、台東区竜泉に移った本部を再訪すると、鉄筋建てに変わっていた。

ナンバーツーの本部長に会い、独立プロダクション設立の構想を話し、スポンサーの件を打診すると、本部長は「面白い。どうせならうちに来てやったらどうだ」と言う。

話では宣伝チラシの編集など販促を担当しながら、独立プロがつくれそうだ。編

新婚当時、旅行先で

集はお手のものだ。すっかりその気になり、六三年（昭和三十八年）、三十歳で転職した。

ところが、入社して、本部長に話を切り出すと、「あっ、あの話か。あれはいずれ将来の話だ」。

実はその気はなく、人がほしいだけだった。

しまった、失敗した。転職は親兄弟に猛反対され、上司には強く慰留された。東販は大手企業、ヨーカ堂は成長途上とはいえ、まだ中小企業だ。反対されるのも無理はなかった。それを押し切った以上、「話が違ったので辞めます」とは意地でも言えない。

しかも、東販では私は労働組合の書記長を務めていて、賃上げ交渉の先頭で闘っていたさなかでの転職だった。私が辞めた直後に一転、交渉は妥結し、一律三千円も賃上げされたため、「三千円アップは鈴木が経営側に抗議して辞め、犠牲になってくれたからだ」とみんな思い込んだとあとで聞いた。

労組の送別会でも中央委員三十人が三次会まで一人も帰らない。信州生まれで中央大学出身の私へのはなむけにと、信州が生んだ文学者、島崎藤村の原詩に中央大学の学生が曲をつけた「惜別の歌」を大合唱してくれた。

「遠き別れに耐えかねて／この高殿に登るかな／悲しむなかれ我が友よ／旅の衣をととのえよ……」

独立プロの話は消滅したが、ヨーカ堂に踏み留まるしかなかった。

全国の高校を駆け回る

最初の仕事は商品管理

イトーヨーカ堂の歴史は伊藤雅俊・現名誉会長の叔父、吉川敏雄さんが大正九年に創業した洋品店羊華堂に始まる。のれん分けで店を持った異父兄の譲さんが急逝し、伊藤さんが引き継いで一九五八年（昭和三十三年）、株式会社ヨーカ堂を設立した。

私が入社したのは本格的にチェーン展開を始めて三年目で、旗艦の千住店以下五店舗、従業員五百人、新興総合スーパーとして成長途上にあった。東販からは同じく新天地を求めた元上司と一緒に移った。

忘れもしない六三年（昭和三十八年）九月十二日、元上司と一緒に販促を担当するつもりで初出社すると、本部長は「販促に幹部社員二人はいらない」と言う。話が違う。

結局、元上司が販促、私は急ごしらえの商品管理課係長になった。納品をチェックする係だが、一カ月後には販促を担当していた。元上司は「自分が考えていた仕事と違う」とさっさと辞めてしまった。

聞けば、販促担当は二、三年で七人ぐらい辞めていた。仕入れの商品部と販売の店舗の間で何かと両方から責められ耐えられなくなるという。私も三カ月もつかどうか、取引先は賭けをしていたようだ。

予想を裏切り私は長く続いた。理屈の通らない話は頑として突っぱねる。次第にどちらも文句を言わなくなった。

スライド機材を抱えて……

人事の責任者も長続きしなかった。大企業からベテランをスカウトしてもうまくいかない。労組の書記長経験を買われ、私は三年目からは人事課長も兼務させられた。長続きしない理由はすぐわかった。若年労働力は自動車や家電など花形産業へ流れ、採用が容易でなかったのだ。

私は採用のため、係長の舛川洋榮君と全国各地の高校を回ることになった。だが、地方では「スーパー」といっても先生方も業態をよく知らない。ヨーカ堂の知名度はゼロに近く、「羊羹の会社」と間違えられた。言葉で説明しても容易に伝わらないだろうと最新式のスライド機材を抱えて行脚した。ビジュアル化の草分けだ。

スライド機材と会社案内の束、出張用の荷物を抱え、全国を巡る採用行脚は本当に大変だった。今みたいに車などない。両手がふさがってしまい、雨が降っても傘をさすこともできない。手ぬぐいで鞄二つを結び、振り分け荷物にして肩にかつぎ、片方の手にはスライド機材、もう一方の手で傘をさして、高校を目指す。まるで時代劇から抜け出てきたような姿だった。

少しでもスーパーの仕事に親しみを持ってもらおうと、女性リクルーターも起用した。説明会でスライドを使って入社後の仕事や寮での生活、福利厚生、行事などを紹介し、次いで地元出身者で入社一、二年の女子社員が自分の体験談を話すと、女子高校生から非常に好感を持たれるようになった。

先生方は教え子の就職後のことが気にかかる。そこで、採用した社員一人ひとりの仕事ぶりをまとめた「卒業生便り」も作成した。教え子を気づかう先生方の心情をとらえ、とおりいっぺんの会社紹介よりずっと反応がよかった。考えられるアイデアは何でも実行した。

夜はその先生方と宴会だ。鹿児島では一流旅館で特級酒を用意したのに誰も手をつけない。仲居さんに教えられ、焼酎に変えたら途端に盛り上がった。あまり酒が飲めない私は宴会では結構苦労した。

その一方で、「ヨーカドーさんならもう来られましたよ」と先生に怪訝な顔をされる学校がいくつも出てきた。洋品店の羊華堂からのれん分けした店がほかにも都内に数店舗あったのだ。

生徒が履歴書を別の羊華堂へ間違って送り、採用されてしまう珍事も起きた。取引先や顧客との間でもトラブルがしばしば生じた。将来的にも早めに手を打った方がいい。六五年（昭和四十年）、「伊藤ヨーカ堂」（店名表示はイトー・ヨーカ堂）へと商号が変更された。

知名度向上へ懸賞作文を発案

一九六〇年代半ば以降、採用する新卒社員数は三百人を超え、六八年（昭和四十三年）には約七百人、七一年（昭和四十六年）には約千二百人と急カーブを描いて増え続けた。入社シーズンになると北海道や九州出身の新入社員のために飛行機をチャーターしなければならなかった。

膨大な人数を採用するための出張は一年の三分の一から半分に及んだ。発展途上の会社には何としても戦力が必要で、疲れる暇などなかった。

人事担当としてもう一つ対応に苦労したのは、せっかく採用しても、入社して早々に辞めてしまうケースだ。辞める理由はさまざまだったが、受け入れる側の配慮が足りないことが原因で新入社員が辞めてしまうようなことはあってはならない。

そこで、社員の育成にしっかりと責任を持ってもらうため、幹部社員全員が採用に携わる仕組みを導入した。各店舗の店長も、商品部の責任者も、経理などの管理部門の責任者も採用活動のため、担当地区を決めてそれぞれ学校を回る。社員一人を採用するのがどれほど大変で、どれほどの労力を要するのか、自分で体験することで、入社後の人材育成の大切さを認識してもらい、取り組み方を改善してもらう。

誰しも自分が採用にかかわった新人の動向は気にかかるのが人情だ。新人が研修を終えて売り場に配属されてからも、何かあれば採用を担当したものが相談に乗るといった動きが自然と生まれるようになり、採用、研修、ＯＪＴ（オン・ザ・ジョブ・トレーニング＝職場での仕事を通じた教育）がうまくかみ合うようになった。

各部門の幹部社員が採用活動に携わるこの仕組みは、人材教育に関して部門間の垣根を取り払い、セクショナリズムの弊害を解消することにも役立った。

採用活動を円滑に進めるため、企業イメージを高めるアイデアも次々考えた。その代表格が、旺文社の受験雑誌『螢雪時代』とタイアップした高校生懸賞作文コンクー

テレビ番組のスポンサーとなり、スタジオで打ち合わせ
（後列左から2人目）

ルだ。

きっかけは、高校を回っているうちに、先生方から「最近の高校生は作文に弱い」という声が聞かれたことだった。ならば、懸賞作文を募集してはどうか。タイアップ先に浮かんだのが旺文社だった。

旺文社は参考書の出版社として当時の高校生の間で絶大な知名度と信頼があった。タイアップすれば、ヨーカ堂のイメージアップになる。訪ねた学校で会社の説明をするときも、貼ってある募集ポスターを指さして、「あの会社です」と言えば、その地域に店舗がなくても信頼を得ることができる。

説得を重ねて、旺文社の協賛を得ることに成功し、一九七〇年（昭和四十五年）にスタートする。賞品はハワイ研修旅行で、応募点数は毎回一万点にも及んだ。

私は二〇〇五年（平成十七年）から二年間、松下電器産業（現パナソニック）のアドバイザリー・ボードのアドバイザーを務めた。同じメンバーの消費生活アドバイザー、松崎陽子さんから、「私、高校時代に鈴木さんとハワイ旅行をご一緒したことがあるんですよ」と言われた。第一回目の受賞者だった。奇縁に驚いた。

全員無事で新聞が称賛

蒲田店で火事発生

「火事です！　隣の倉庫で段ボールが燃え、火が窓から入って二階の衣料品売り場に燃え移っています。ここも、もう危ないので電話は切ります」

ヨーカ堂蒲田店の竹口真弘店長から緊急電話が入ったのは、一九六九年（昭和四十四年）五月一日の午後五時過ぎのことだ。一番込み合う時間帯だ。

人事と広報の責任者を兼務していた私は、他店からの応援を要請すると現場へ急行した。

近づくにつれ、赤々と火の手が上がるのが見える。気が焦った。

この間、蒲田店では竹口店長がただちに店員たちに対し、お客様に口頭で火災発生を知らせるとともに、各階の階段に立って、お客様を冷静に誘導するように指示した。同時に店の自衛消防班を出動させて各階の状況を把握。迅速な対応により、約五百人のお客様全員の避難を五分で完了させた。

私は現地に着くと、近くに仮事務所を確保して即、対策本部を設置した。まずやるべきは、指示系統を明確化して情報を集約することだ。外部への対応は店長に一本化し、不正確な情報が飛び交って混乱が増すのも防いだ。

火災はビル三棟を焼いて午後九時過ぎにようやく鎮火した。私は三井銀行蒲田支店（当時）の会議室を借用して店舗従業員百五十名余りを集めると、みんなの冷静な行動により、一人の犠牲者も出さずにすんだことに心から礼を述べた。その三分の一は一カ月前に入ったばかりの新入社員だった。

ただ、このとき全員が集まっているか確認すると一人だけ足りなかった。まさか逃げ遅れたのでは……。鎮火後の暗い店内をみんなで回ると、懐中電灯を照らした先に横たわった人の足のようなものが見えた。全員、頭から血の気が引いた。

おそるおそる近づいてみると、マネキン人形が倒れていた。ホッと胸をなで下ろしたが、本当に緊張した数分間だった。一人足りなかった従業員は、先に家に帰っていた。

翌朝の新聞報道。「夕方の混乱時に〝奇跡〟」（読売）、「手ぎわよかった誘導」（朝日）と各紙から称賛され、東京消防庁からは総監賞を授与された。

店舗従業員から対策本部、応援に駆けつけてくれた面々に至るまで緊急時に統制のとれた対応をしてくれたことは、人事の責任者として本当に頭の下がる思いだった。

昭和44年5月2日（金曜日）　読売新聞

蒲田駅前で商店ビル火事

客六百人は無事

スーパーや映画館　非常ベル、機敏な誘導

猛煙を吹き上げて燃える蒲田文化会館ビル＝よみうり111号機から1日午後5時15分

夕方の混乱時に"奇跡"

物言った日ごろの訓練

火災を報じた読売新聞
（1969年5月2日付）

人事の仕組みを独力でつくる

日ごろの努力もあった。スーパーは中途採用も多い。新卒採用にも高卒もいれば、学卒もいる。いかに公平性を高め、魅力ある職場を作るか。人事制度は独自に工夫した。社員の納得のいく人事を行うために発案したのが、セルフチェック制度と自己申告制度だ。

セルフチェック制度は基本的なスキルがついているか、○×で答えるものだ。評価基準を公開した上で、本人の自己評価と上司からの評価を面接を行ってすり合わせる。自分ではできているつもりで実際はできていないことに気づかせ、逆にできているのにできていないと思っている人に自信を持たせようと考えた。

各質問項目について、最初は△(ときどきできている)の評価も入れたが、どうしても△が多くなるのが日本人の心理で、○×に絞った。セルフチェック制度は現在も人事考課の根幹を担っている。

自己申告制度は、社員が希望職種や将来目指す方向などを自己申告するもので、申告内容は適材適所の配置と能力開発を進めるための資料として活用する。

このほか、社内資格制度、週休二日、退職金算定を最終給与比例方式から全期間平均給与比例方式へ変更……等々、後に多くの会社で採用される制度を一九六〇年代後半には導入した。

人事のマニュアルやコンサルタントにも頼らず、すべてみんなで独力で考えたものだ。目標が明確なら自分たちの力で生きた制度をつくれる。

こうして販促に広報に人事にと、財務経理以外はほとんどすべての管理業務を兼務したが、自分では特に苦にならなかった。販促の机から人事の机に移ったら頭を白紙に戻し、集中して判断する。その方が一つのことを引きずるより、むしろ仕事はしやすい。

今もその習慣は続き、会議も事前に何の準備もせず、その場で頭をまっさらにして話を聞き、質問をし、判断する。人間は、必ずしも時間をかければいい仕事ができるわけではない。逆に時間が多く与えられると、その分、仕事の量が膨張していくものだ。

小売業にいながら販売や仕入れは経験しなかった。応援に駆り出されても人見知りの性格からか、「お前が立っていると喧嘩を売っているみたいだ」と言われる始末だった。

急成長中の会社には管理部門を統括する人間が必要で、私がいた。

ただ、販売や仕入れの経験をしなかったことは、結果として、後に既存の業界の常識にとらわれずに次々と業務の改革に着手できたことや、日本初の本格的コンビニエンスストアチェーンの立ち上げへとつながっていく。人の運命は不思議なものだ。

労組結成

専従の人数と組合費に口挟む

業界の急成長とともに、イトーヨーカ堂も拡大の一途をたどった。店舗数約二十店舗、従業員数二千人を超えた一九七〇年（昭和四十五年）、全繊同盟（全国繊維産業労働組合同盟、現UIゼンセン）から会社側に労働組合設立の働きかけがあった。

会社の規模から考え、社員と会社との円滑なコミュニケーションをはかるためには労組はあった方がいい。組合の委員長には繊維・化成品の専門商社蝶理から転職二年目で、社外事情にも通じる岩國修一君（後のセブン-イレブン創業メンバーの一人）に就任してもらい、運営は任せた。

ただ、労組書記長経験を持つ人事担当として二点、口を挟んだ。

一つは組合員が納める組合費だ。全繊同盟の本部を訪ね、低く抑えてもらうよう直談判すると、「会社側がなんで口を出すんだ」と組織部長はカンカンに怒った。しかし、こちらも引かない。

最後は「勝手にしろ」と言うので勝手に低くした。「会社側から組合費を下げさせた初めての男」として労組関係者の間で一躍有名になった。

もう一点は専従の人数で、できるだけ増やさないよう、組合委員長の岩國君に頼んだ。どちらも組合活動を抑えようとしたのではない。その逆だ。組合費が高いと「こんなに多く納めているのだから」と組合への過剰な期待が生まれる。

また、専従の人数をあまり多くしないよう頼んだのは、人間の心理面に理由があった。人間は本来善意の生き物だ。専従の人数が多いと善意の発露として、過剰に組合員の期待感を煽るような発言や行動をしてしまいがちだ。

いずれも会社側と組合員が正しい認識を共有する妨げになる。大切なのは会社側と組合員とのリレーションだ。

会社の広報部門も同じ理由で人数は増やさなかった。人数が多いと情報収集や発信で余分な仕事にまで拡大しがちだ。結果、本来やるべき業務に支障が出てしまう。

人数が限られれば時間も限られ、自分たちの仕事において何が本質的に重要であるかを考えるようになる。マネジメントも心理学で考えるべきだ。

忙しくても安易に人を増やすべきではない

私はその後も一貫して、組織を構成する人数についてはできるだけ抑える方針をとった。一つは本質的な部分以外への仕事の膨張や拡大を防ぐためであり、もう一つは仕事の生産性を高めていくためだ。

仕事が多くて苦しくなると、たいていは人を増やしてほしいと考えがちだ。しかし、その前に考えるべきは、なぜ仕事が多いのかという問題だ。

仕事が忙しいのは、無駄の多い過去の仕事のやり方をそのまま続けているため、生産性の低さに起因することが結構多いのだ。

にもかかわらず、「仕事がうまくいかないのは、人が少なくて忙しすぎるためだ」「人が増えない以上、仕事が成功するはずがない」などと、会社のせいにして、自分たちの仕事の仕方を見直そうとしない人たちが少なからずいる。

その状態のまま、人を増やすとどうなるか。仕事のやり方は温存されるため、新たに人が増えたことで仕事がより細分化され、さらに生産性を下げるという悪循環に陥りがちだ。

人が増えたことが逆に仕事を増やしてしまう可能性もある。

仕事が忙しくて大変だからと、すぐに増員を求めるのではなく、なぜ仕事量が多くなるのか、自分たちのこれまでの仕事のやり方を根本から見直し、本質的に重要な仕事を絞り込んで、生産性を高めていく努力こそが必要ではないだろうか。

人を増やせば、一人あたりの仕事の量が減って時間的な余裕が生まれ、よりよい仕事ができるようになると考えるのは本当のようなウソだ。仕事の量ではなく、質を変えない限り、いつまで経っても生産性は上がらず、成果も出せず、同じことを繰り返すだろう。

仕事量が多くてもけっして人を増やしてはならない。安易な増員はむしろ本人たちから気づきと成長の機会を奪うことになると考えるべきである。

「成長に絶対必要」と上場を進言

創業社長は当初難色

労組結成に伊藤雅俊社長は当初、反対した。

「お客様がすべてに優先する」という商人道を説き、サラリーマン経験がほとんどない伊藤さんには、労働者の権利を守るという労組の存在そのものが容易に理解できないのも無理のない話だった。

それでも、「組合は経営者を映し出す鏡である」とやがて理解して、納得してくれた。

それ以上に躊躇されたのは株式の上場だった。

出店が増えるにつれ、ヨーカ堂の借入金は膨張していった。学生時代から証券投資を続け、多少知識があった私は早急に資本市場から資金調達をすべきだと進言した。

上場すれば会社は公のものになる。上場は今でこそ企業経営にとって一つの道筋と考えられているが、当時の感覚ではオーナー経営者にとって苦しい決断だった。

また、高い株価での資金調達にも「濡れ手で粟をつかむような真似はしたくない」

と難色を示された。

社内も否定論が大勢を占めた。顧問弁護士やメインバンクの証券部長など社外からも「時期尚早」と反論され、「芝も生え揃っていないのにゴルフ場を開設するようなものだ」という声も聞かれた。

しかし、成長を目指すには上場は絶対必要だ。あきらめずに繰り返し説得すると、伊藤さんも次第に理解を示し決断してくれた。野村証券にいた大学時代の仲間の力も借りて一九七二年（昭和四十七年）、東証二部上場を実現する（翌七三年、東証一部に指定替えする）。

ところで、東販時代も続けた私の株式投資だが、仕手株はリスクが高く、ずっとリターンが続くとは限らない。そこで、ヨーカ堂へ移る一年ほど前、保有株を見直し、当時、一番手堅い資産株（株価の変動が少なく資産として安定管理できる株）といわれた松下電器の株にすべて買い換えた。

それが一年後の六二年（昭和三十七年）夏、思いがけず暴落する。すべて売却し、こつこつ貯めた儲けを吐き出してしまう。懲りたわけではないがヨーカ堂では仕事に追われて時間的な余裕がなくなり、株取引から遠のいた。そして、株式上場を機に株を株主に持ってもらう立場に変わっていった。

伊藤雅俊名誉会長(左)と

反対されても挑戦する

私は小売業をやりたくてヨーカ堂に入ったわけではない。独立プロダクションを設立するためのスポンサーを求めてヨーカ堂に入社したところ、その話が自然消滅してしまった経緯は前述したとおりだ。

ただ、自分で留まると決めた以上、自分の生き方に責任はとらなくてはならない。だから逆に会社にしがみつかず、反対されても言いたいことを言い、やりたいことに挑戦していった。

やるべき価値があると思ったら、反対されてもあきらめずに説得を重ね、実現していく。それにはエネルギーが必要だが、それは誰もが本来持っている。

ところが、いざというとき発揮できなくなるのは、そのエネルギーをそぐように、組織にしがみつく力が働くからだ。

大学を出て憧れの会社に入り、家族からも祝福され、自分の人生をこの会社に託していこう、なるべく失敗を避けて、ある程度のポストまで進みたいなどと考えていたら、自分を守ろうとして、会社にしがみついてしまいがちだ。

しがみつくものは雇用、地位やポスト、収入、職場での評判や周囲への同調、虚栄や世間体……等々、さまざまだ。

しかし、人間は何かにしがみつくと本当の力は出せない。一方で何かにしがみつきながら、もう一方で新しいことに挑戦することなどできない。自分は一歩踏み出したつもりでも、思うように前に進まない人は無意識のうちに何かにしがみついてはいないか。

特に組織にしがみつこうとすると、誰にでもいい顔をする「いい子」になりがちだ。「いい子」でいると、厳しい現実にできるだけ直面しないように動くため、挑戦などできるわけがない。

もし、私がヨーカ堂という会社に無意識のうちにしがみついていたら、その後、コンビニエンス事業など考えもしなかっただろう。転職には失敗したが、だからこそ、その後の自分があると思うと、人生の巡り合わせを感じる。

第3章

日本の流通を変えた
セブン-イレブン創業

セブン-イレブンとの出合い

アメリカに驚くべき小型店

一九六〇年代後半になると、スーパー業界は新規出店のたびに地元商店街から強い拒否反応を受けるようになった。私は一九七一年（昭和四十六年）に三十九歳で取締役に就任したが、幹部の一人としてその矢面に立った。

出店予定の地元で説明会を開き、「大型店と中小小売店の共存共栄は可能です」と訴えても、「そんなのは強者の論理だ」「できるわけがない」と相手は聞く耳を持たない。交渉はいつも平行線をたどる。二年がかりで三十回以上、交渉に交渉を重ねたこともあった。

北海道の帯広に出店するときは地元選出の代議士と対峙した。「北海のヒグマ」と呼ばれ、若手タカ派として売り出し中だった中川一郎氏だ。出店に反対する地元に頼まれて出てきたのだ。

場所は永田町の料亭。伊藤社長と常務と三人で出向き、私が交渉役となって百戦錬磨の政治家と向き合う。その後ろには地元勢がずらりと居並ぶ。毎回緊迫した空気の中でハードな交渉を重ねなければならなかった。

時間はいくらあっても足りない。限られた時間をいかに有効に使うか。私に続いて東販から移り、店舗開発に携わった佐藤信武君（元イトーヨーカ堂副会長）などは、自宅が私と同じ西武線沿線だったため、昼間はなかなか捕まらない私を通勤途中で待ち構え、満員の電車内で一緒に作戦を練っては交渉へ出かけていく。そんな毎日だった。

アメリカでセブン-イレブンと出合ったのは、そのころのことだ。当時、ヨーカ堂では流通先進国アメリカの最新事情を学ぶため、社員の海外研修を実施していた。年数回六十～七十人が約十日間の日程で渡米し、私も責任者として同行する。

あるとき、カリフォルニアで移動の途中、休憩で道路脇の小さな店に立ち寄った。数字の「7」に「ＥＬＥＶＥｎ」の文字を重ねた看板。セブン-イレブンといい、スーパーを小型にしたような店で食品や雑貨がいろいろ並んでいた。

「アメリカにもこんな小型店があるんだ」

このときはその程度の印象だったが帰国後、調べて驚いた。コンビニエンスストアと呼ばれ、運営するサウスランド社は全米で四千店のチェーンを展開する超優良企業だった。

大型店との共存共栄を予感

アメリカではスーパーマーケットやショッピングセンターが日本よりもはるかに発達している。その中で小型店のチェーンを四千店も展開しているのだから、これは相当な仕掛けがあるに違いない。

日本で活かすことができれば、大型店との共存共栄のモデルを示せるはずだ。新事業を開拓する業務開発の責任者を兼任していた立場から、そう提案すると返ってきたのは社内外からの「無理だ」「やめろ」の大合唱だった。

「日本では各地でスーパーが進出し、商店街のかなりの部分が衰退している状況を見ても、小型店が成り立つわけがない」

世の中、「大きいことはいいことだ」の時代だった。会社の幹部も業界関係者も学者も異口同音に否定論を唱える。営業担当役員からは、

「販売経験のない人間に何がわかる。だから夢物語を言っていられるんだ」

とまで言われた。確かに私は人事、販促、広報といった管理部門をもっぱら担当し、販売や仕入れの経験はなかった。しかし、逆に経験がない分、過去の経験に縛られず

提携当時の米国のセブン-イレブン

に、人事を担当した立場から、商店街の凋落の原因について別の視点でとらえていた。

それは生産性の問題だった。商店街の小型店は製造業などと比べると、明らかに労働の生産性が低かった。行政は「営業時間を夕方六時までに短縮」「日曜休業」といった指導を行い、それが生産性向上と従業員確保につながるとしたが、顧客の都合を無視して生産性が上がるわけがない。

もう一つ感じていたのは市場の変化だ。販促担当として売り出しのたびに店頭で売れ行きを確認する。以前は開店と同時に売り切れた目玉商品が売れ残るようになっていた。これからは必ずしも安い商品を並べれば売れる時代ではなくなる。

小型店での労働生産性と商品開発の価値、両方を高める仕組みがアメリカのセブン-イレブンにはあるはずだ。

否定論や反対論は「大は小に勝つ」という高度成長期の過去の経験則にとらわれたまま、規模の大小の議論ばかりだった。「小型店でも生産性を高めれば大型店との共存共栄が可能になる」という私の主張に対しては一つも明確な反論はない。ならば挑戦する価値がある。

私はサウスランド社との接触に踏み出した。アメリカでのハードな交渉が待っていた。

難航したサウスランド社との提携交渉

決裂覚悟で強気で押す

「冗談ではない。こんな条件では交渉にならない！」

私は声を荒げ、テーブルを叩き、一歩も退かない。一九七三年（昭和四十八年）七月末、テキサス州ダラスにあるサウスランド本社での最終交渉は難航に難航をきわめた。

相手方はハートフェルダー社長とオーナー家のジェリー・トンプソン副社長。こちらは私と業務開発担当の清水秀雄君。通訳はイトーヨーカ堂と取り引きのある伊藤忠商事の総合開発部次長（当時）、降簱健人さんにお願いした。伊藤忠きっての英語通で交渉に長けた降簱さんもお手上げの様子だ。

サウスランド社側も、ヨーカ堂の方がどうしてもライセンス契約をしたいというからテーブルに着いたのに「何ごとだ」と怒り心頭だったろう。しかし、妥協はできない。

一年前の七二年（昭和四十七年）五月、清水君がほぼ飛び込みで訪ねたときには門前払い同然だった。当時、サウスランド社はヨーロッパへの出店計画を進めている最中で、日本の企業との提携はまったく考えていなかった。対応に出た担当者は日本に興味すら示さなかった。

その後、交渉の糸口がなかなかつかめないまま一年近く経った翌七三年（昭和四十八年）春、伊藤忠商事の建設部門企画統括室長、若林信二さんから朗報が届いた。サウスランド社のジョン・トンプソン会長と親しい人物とたまたまつながりができ、その口利きで先方が一度会ってもいいと言っているという。

七三年四月、前年の飛び込みのときとは違い、経営陣に直接プレゼンテーションする機会を持つことができた。トップ級になるとさすがに日本についての知識も豊富で、進出に関心を持ってくれた。

このプレゼンテーションを受けて、先方の視察団が市場調査のため、四月と五月に来日。四月は実務担当者、五月には社長と副社長が直々にやってきた。東京を始め、各地の小売業の実情を調べ、イトーヨーカ堂の店舗も見て回って店舗開発力やマーケットの状態を実際に確かめていった。

視察団の帰国後、百項目に及ぶ質問書が届く。その内容は非常に緻密で、期限までに回答書を作成するのに連日、徹夜を強いられた。

サウスランド社との調印式(左から2人目)

六月、日本におけるエリアフランチャイズ契約をめぐる交渉がスタートする。提示されたのは受け入れがたい条件ばかりだった。

事業はサウスランド社との合弁とする。出店地域は日本を二分割した東日本のみに限定。八年間で二千店出店すること。ロイヤルティ(権利利用料)は売上高の一%厳守。相手は世界最大のコンビニチェーン、こちらは日本の小売業界で十五位の中堅。格が違うが、これでは手かせ足かせだ。

この提案を受けて七月末に行われた最終交渉で私はすべてに「ノー」を叩きつけた。激しい応酬が繰り返されたが、粘りに粘った交渉で、合弁案はヨーカ堂の独自子会社案へ、出店地域は日本全域へ、出店数は八年間で千二百店へと何とかこちらの案を認めてもらった。だが、最後まで揉めたのがロイヤルティの率だった。

サウスランド社はカナダなどでも現地の事業者との間でエリアフランチャイズを展開していた。そのロイヤルティは売上高の一%。日本だけ例外を認めるわけにはいかないと、同率一%を譲らない。

私は日本とアメリカでは流通経路や取引慣行などのビジネス環境、社会資本の未整備によるインフラコストなど、あらゆる面で条件が異なるため、ロイヤルティは〇・五%を主張し、大きな隔たりがあった。

当時、イトーヨーカ堂の税引前利益の対売上高比率は三・八%。総合スーパーとコンビニエンスストアとでは業態が異なるとはいえ、売上高の一%というロイヤルティは大きな数字であり、要求をそのままのめば、事業の成功は危うくなる。こちらも〇・五%は譲れない。

長い沈黙。いったん別室に分かれる。交渉再開。議論はまた平行線だ。これを何度も繰り返す。このままいけば決裂は必至だ。私は訴えた。

「われわれはこの事業を何としても成功させたい。だからできない約束はしない。ロイヤルティを下げても日本で成功すれば、最終的にあなた方の目的に沿うはずだ。失敗しては何も意味がなくなる」

この訴えが届いたのか、結局、相手側が大幅に譲歩して、〇・六%で妥結した。

妥結後、「これは失敗……」と悶々

実は最終交渉の前日、私は渡米の途中ハワイに寄り、アメリカからセブン-イレブンの視察を終えて帰国途上の伊藤社長と落ち合っていた。一緒に朝食をとりながら、伊藤さんはセブン-イレブンについて、

「あれは日本の雑貨屋のようなものだな……」

はっきり意思は示さないが、「七割反対、三割どうかな」の感触だ。確かにリスクは高い。社内外からは反対意見が噴き出ていた。オーナーとして不安を抱くのも当然だった。

腕時計を見ると、午前十時発のダラス行きの飛行機の便が迫っていた。

「では断ってきます」

私はそういって席を立った。もし、このハワイ会談で、必ず交渉をまとめるよう命じられていたら大幅に譲歩していただろう。社内の消極的な環境が結果として決裂覚悟の強い交渉力をもたらした。

七三年十一月三十日、コンビニエンスストア事業をフランチャイズ方式で日本で展開する技術導入のための「エリア・サービスおよびライセンス契約」が、イトーヨーカ堂とサウスランド社の間で正式に調印された。

この契約により、日本国内におけるコンビニエンスストア経営のための独占的個別フランチャイズ権、およびセブン-イレブンの商号・商標、サービスマークの独占的使用権が付与された。

そして、私が「日本で活かすことができれば、大型店との共存共栄のモデルを示せるはずだ」と考え、嘱望した経営ノウハウ書やマニュアル書などの機密資料の使用が許諾された。

ところが、それからまもなく、アメリカでの研修に社員と共に参加した私は呆然とした。

「これは日本では使えない。失敗した！」

仲間に言えず、悶々とした日々が始まる。

セブン-イレブン一号店オープン

「日本では通用しない」

正式調印を受けてアメリカに渡り、カリフォルニア州サンディエゴの郊外にあったサウスランド社のトレーニングセンターで研修を受けた社員たちは、ほとんど小売業の素人集団だった。

研修はレジの打ち方や報告書の書き方など初歩的なことばかりだ。みんなは懸命に取り組んでいたが、私は一人悶々としていた。

サウスランド社から契約後、初めて開示された二十七冊に及ぶ分厚い経営マニュアルは、店舗運営の初心者向け入門書のような内容ばかりで、どこを訳しても求めていた経営ノウハウはなかった。

ファストフードも冷凍ハンバーガーを納品して、店舗で温めて販売するというものだ。日本では通用するわけがない。

マーケティングやマーチャンダイジング(商品政策)や物流についてのシステマチッ

クなノウハウがあるはずで、それを日本に持ってくればすぐ通用すると思い込んだのは、私の勝手な想像にすぎなかった。使えるのは会計システム（本部と加盟店の間で荒利益を分配する方式など）ぐらいだった。

研修三日目に気づき、「われわれはわざわざアメリカへレジの打ち方を習いに来たのではない」と相手方に怒りをぶつけたがあとの祭りだ。新事業立ち上げに集まってくれた社員たちに、「こんなの勉強しても無駄だ。日本では通用しない」とはとても言えなかった。

素人ばかりで新会社設立

実はこの社員集めが一苦労だった。

契約の十日前の十一月二十日、当時、千代田区三番町にあったイトーヨーカ堂本部ビル内の広さ七坪ほどの一室で、新会社ヨークセブン（後にセブン-イレブン・ジャパンに改称）を社員数十五人で設立した。

私自身は当初、業務開発の責任者として交渉を進めたが、新会社の経営にはかかわるつもりはなかった。新規事業を立案する部門の担当者が、会社の設立とその経営についてもすべて携わらなければならなくなると、誰も新しい提案をしなくなるのではないかと考えたからだ。

しかし、社内外で猛反対された事業をやろうという人間は誰もいない。伊藤社長から、「言い出しっぺの君がやれ」と言われ、一晩考えて、引き受けることにした。

資本金は一億円。「会社を設立するなら、自分たちも出資した方がいい」と伊藤社長の意向で、資本金の一部を私以下、四人の役員で貯金をはたいたり、銀行から借り入れたりして個人出資し、周囲の人たちにも参加を呼びかけた。

何より思うに任せなかったのが、社員の確保だった。創業の意識を徹底するため、新会社は給料も就業条件もイトーヨーカ堂より厳しくし、出向ではなく転籍を求めた。人事部門の責任者であっても権限を利用するわけにはいかない。

ヨーカ堂からは前出の清水秀雄君と労組委員長を務めた岩國修一君、商社から中途入社したばかりの鎌田誠晧君に移ってもらい、ほかは新聞広告で募集した。全繊同盟の元専従、製パン会社の元営業マン、元航空自衛隊員など多様な職歴の面々が集まるが、ほとんどが小売業の経験を持たなかった。

しかし、サウスランド社の経営マニュアルが役に立たない以上、自分たちですべてをゼロからつくり上げるしかない。素人が日本初の本格的なコンビニチェーンに挑戦

セブン-イレブン1号店が東京豊洲に開店（右から3人目）

する。そう覚悟したとき朗報が入った。

新聞でセブン-イレブンの記事を読んだ東京・江東区豊洲の酒販店経営者から開店希望の手紙が届いたのだ。明治大学在学中に父親を亡くし、中退して店を継いだ二十三歳の青年で山本憲司さんといった。

忘れられない最初のお客

山本さんの店の広さは約二十坪。サウスランド社側はアメリカの店の三分の一しかないと難色を示した。最初の数店舗はフランチャイズ店ではなく、直営店で試した方がいいという。

社内でも、「いきなりフランチャイズ店を出していくのは冒険しすぎるので、直営店で実験してノウハウを実地で身につけるのが先でそれが良識ではないか」という意見が多くを占めた。

しかし、私はまったく反対の意見だった。セブン-イレブンの創業の目的が「小型店と大型店の共存共栄」「既存小型店の活性化」にあることを示すためにも、一号店はフランチャイズ店にすべきではないか。そう考えて押し通した。

年が明けて一九七四年（昭和四十九年）の正月、私は山本さんのお店を訪ね、こたつに入りながら話を聞いた。

酒販店は免許制によって保護されているため、今はそれなりに儲かってはいるが、酒類は公定価格のようなものだから、今後も売上増はそんなに望めない。このまま酒屋としてやっていっていいのだろうかと考えていたときに、新聞記事でセブン-イレブン創業を知り、「ひらめき」を感じたという。

「自分の店でコンビニを商売として成り立たせてみたい」

若い山本さんは熱く語った。結婚したばかりで、しかも、一家の主として妹や弟さんの面倒も見ていた。その責任感が言葉の端々に感じられた。

豊洲一帯は、今は地下鉄有楽町線や新交通ゆりかもめが通ってすっかり様変わりした。IHI（旧石川島播磨重工）の造船ドック跡地に大型商業施設アーバンドックららぽーと豊洲が建てられ、超高層住宅が次々建設されて、大規模な都市開発が進んでいる。

しかし、当時、店のまわりは造船ドックや資材置き場、社員寮や古い木造の都営住宅などで、そんなに人通りがある方ではなく、立地はけっして恵まれているわけではなかった。

それでも私は、山本さんの既得権に甘んじない若さと新しいものに挑戦しようとする熱意に引かれ、こう約束した。

「ぜひ私たちと一緒にやりましょう。もし三年後に失敗していたら、私が責任を持ってお店を元通りにしてお返しします」

準備期間は三カ月しかない。店舗改装、三千品目に上る商品の選定、狭い店舗用に冷蔵庫の改造……何もかもが初めてだった。開店前夜は社員たちが店の二階に泊まり込んだ。初めはホテルに泊まろうとしたが、私はこう言って認めなかった。

「われわれはゼロからスタートして新しい事業を始めるのだ。イトーヨーカ堂の社員並みに考えていてどうするのか。そんな余裕はない」

これも創業の厳しさを徹底するためだった。実際、出張旅費の類はヨーカ堂の半分にしていた。

五月十五日、ついに第一号店がオープンする。早朝、雨の中、一人の男性客が入ってきて店内をぐるりと回り、カウンター横の八百円のサングラスを買った。セブン‐イレブン第一号のお客を今も忘れない。

拒む取引先を説き伏せ

小口配送の壁を打ち破る

「お店の二階の居間が在庫の山であふれて大変です」

セブン-イレブン一号店が東京・江東区豊洲に開店して一カ月ほど経ったある日、商品部長の岩國修一君が血相を変えて戻ってきた。

オープン当初の店の平均日販（一日あたりの売り上げ）は約三十七万円と、以前、酒店を営んでいたときの二倍以上に伸びたが、荒利益から本部へのチャージや諸経費を差し引くとあまり変わらない。原因は在庫の山にあった。

当時の商慣習では、卸からどの商品も大きなロットで仕入れ、その在庫がなくならないと次の仕入れができなかった。例えば、缶詰は二十四～四十八個が最小単位だ。売れない商品は大量に残り、よく売れる商品はしばしば欠品になっていた。

在庫は金額にして千三百万円にも上った。現在のセブン-イレブンの全店の一店舗あたりの平均日販約六十六万円に対し、在庫は五百七十万～五百八十万円の水準にあるから、当時、いかに不良在庫が多かったかがわかる。

このままでは日販も荒利益も伸びない。解決するには仕入れの単位を小さくする小口配送が絶対に必要だ。それは当時の業界の常識とはまったく相容れないものだったが、常識を変えていかない限り、セブン-イレブンのチェーン展開など不可能だ。拒否する問屋を素人集団が一社一社回り、粘り強く説得する苦闘の日々が始まった。

徹底したドミナント戦略

その一方で、私は新たに店舗を開発する担当者にこう厳命した。

「江東区から一歩も出るな」

豊洲店の近隣にフランチャイズ店を集中させる。店舗ごとに商圏を隣接させながら店舗網を広げる「ドミナント（高密度多店舗出店）」と呼ばれるセブン-イレブン独自の店舗開発戦略は、このときから始まる。

ドミナント戦略は地域での認知度を高める心理的効果が大きい。しかし、オープン当初は一定配送地域にまとまった数の店舗を早くオープンし、物流面で小口配送を実現しやすくする意味合いが強かった。

ところが、この店舗開発も並大抵の苦労ではなかった。

当初は酒屋を中心に回ったが、コンビニエンスストアがどんなものかほとんど理解されていない。知名度もなく、一度や二度の訪問では口もきいてもらえず、名刺も突き返される。

どうしたら話をまともに聞いてもらえるのか。仕方なく、イトーヨーカ堂の名前を出すと逆に、「小型店まで乗っ取りに来たのか」と警戒される始末だった。

店主の中には、近隣の小売店と競合することを心配して逡巡したり、商売がうまくいかずに、チェーンの軍門に下ったと近所から見られることに強い抵抗感を示す人たちもいた。

担当者は区内の酒屋という酒屋を回り尽くしても、契約がとれないため、会社に戻るに戻れず、「その気はない」という店でなすすべもなく一日中手伝いをしてくる。会社に戻って、私と顔を合わすのが辛そうだった。それこそ、ノイローゼ一歩手前まで追い詰められたようだ。

枠を外せば楽になる。所定の枠を外して、とれるところへ行ってとってこいと指示すれば、皆、楽なところに走って、新規店舗の所在地が一気に拡散してしまう。ドミナントが実現できなければ、この事業は失敗する。原則は絶対崩さない。決めた戦略は徹底する。そんな私を「原則居士」と呼ぶ人もいたが、トップとしての役割の最たるものは、ものごとをいかに徹底させることができるか、徹底力にあると私は今も思っている。

百店突破し、仕事で初めて涙

年中無休の営業のため、正月も商品配送を求めたときもそうだ。業界の常識からすれば無理難題もここにきわまれりだ。一時的に倉庫を借り、暮れのうちに正月分を確保する苦肉の案も社内で出たが、私は突き返した。

そのときは、合計十五店舗の規模だったので、それでも対応できなくもないが、これから先五百店、千店に増えたらどうするのか。初めから仕組みをつくるべきで、取引先にとっても将来的にその方がいいはずだ。困難でも取引先と交渉させた。

山崎製パンに正月にも製造を求めた折衝は特に難航した。一年目は、日持ちするロングライフパンを年末に一括納品してもらい対応したが、正月も営業する以上、新鮮なパンを提供したいと思うのはコンビニエンスストアとしては当然のなりゆきだった。

しかし、山崎製パンの創業者である飯島藤十郎社長から、「正月まで社員を働かせ

セブン-イレブン100店舗開店記念式典で挨拶

るのか」「社員に正月と盆に休みをとらせることは経営者の責任だ」と猛反発された。

岩國君が飯島社長のもとに日参して、交替制で社員の休暇と工場の稼働とを両立させることはできないかと説得を重ねたが、交渉は難航した。労組の委員長にも頼んだが打開しない。戻ってきて肩を落とす岩國君に、私はこう言った。

「僕らはもともと素人集団だ。原点だけは見失わずにいよう」

岩國君は再び通い始め、おいしいパンを毎日顧客に提供したいという思いを伝え続けた。

粘り強い要請がようやく受け入れられ、創業二年目の一九七六年（昭和五十一年）の正月から店に新鮮なパンを並べることができた。この山崎製パンの正月製造開始は、米飯や惣菜メーカーも正月製造を当然とする布石が打たれたという意味で、非常に画期的なことだった。

こうして断られてもあきらめず、お店の主人や取引先を説得する日々を重ね、一号店から二年後の七六年五月、総店舗数が百店に到達する。

東京・紀尾井町のホテルニューオータニで百店開店の記念式典を行った。サウスランド社のトンプソン会長もわざわざ来日して、こう挨拶した。

「サウスランド社がアメリカで百店をオープンするのに二十五年かかった。日本ではこれを二年でやり遂げた」

次は私の番だ。加盟店オーナーとご家族の前で挨拶に立つと感きわまり、言葉につまって、思わず涙がこぼれた。

初めは五店舗になったら先が見えるのではないかと思い、いや十店舗になったら、五十店舗になればと一店一店積み上げながら、何とかいけそうだとかすかに自信めいたものを持てたのが百店舗だった。後にも先にもこのとき以外、仕事で涙したことはない。

買い手市場の時代へ

日本初の共同配送

小口配送と並んで、セブン-イレブンがもう一つ、全力を挙げて取り組んだ物流改革がある。商品の共同配送だ。

創業当初、一店舗への納品車両台数は一日七十台にも上った。原因はメーカー主導の流通機構にあった。流通の原点は依然、供給側のメーカーにあり、商品は川上に位置するメーカーから卸売機構を経て、川下の小売りに流れる流通形態が続いていた。

最も特徴的だったのは特約制度だ。同一地域内で複数の卸を通じて商品を供給すると価格競争になり、値引きや商品価値の低下を招くおそれがある。そこで、メーカーはできる限り帳合い(直接決済する取引先)を一本化して、特約店とした。

そして、メーカーは同業他社の商品との競合を避けるため、特約店に対し、できる限り他社の商品を取り扱わないように働きかけてきた。特約店側もメーカーの政策的意図にしたがわざるを得なかった。

その結果、メーカーと卸業者との間の帳合いは縦割りに細かく分かれ、メーカーA社の商品を特約すると、その競合のB社やC社の商品は取り扱いにくくなった。

この流通機構の中では、卸売業者は小売店で売れるものを揃えるというより、メーカーが生産したものを売ることになる。つまり、消費者に最も近い小売店からの発注に基づいて商品を供給するというより、メーカーが生産した商品を川下に流す機能を果たしていたわけだ。

物流もこの流通形態に沿って行われた。セブン-イレブンの一店舗への納品車両台数が一日七十台にも上ったのも、メーカーおよびその系列の特約問屋がそれぞれ独自に配送していたためだった。

この仕組みをどうにか変えられないか。物流改革の象徴が牛乳の共同配送だった。当時、牛乳も全農、明治、森永、雪印など各社が別々に配送していた。納品時間が重なると店の前に車が何台も並び、恐ろしく不経済だった。

そこで地域別に担当メーカーが他社製品も混載する共同配送を提案した。これも業界の常識を破る素人発想だったようでメーカーから猛反発を食らった。

「あなた方はブランドに対するメーカーのプライドがわかっていない。どんなに品質に対して力を入れているか。よその商品をうちの車に載せられるか」

「うちの商品だけ店に置けばよいではないか」

確かに、製品に対する「プライド」はあるだろう。しかし、当時メーカーから一部配送を委嘱されていた街の牛乳販売店では真夏でも非冷蔵車が使われていた。「プライド」というならそこまで品質に配慮すべきではないか、とのど元まで出かかった。

結局メーカー側は、商品を置いておけばそれで買ってもらえるという、売り手市場の時代の供給側の勝手な思い込みから抜け出ていなかった。

メーカーの思い込みを覆す

市場の真実を知ってもらおう。私たちは店頭で実験を試みた。従来はあるメーカーの担当者が店に納品に来ると冷蔵庫内の他社製品は奥の方に動かし、自社製品をずらり前に並べていた。顧客から見ると、前にある銘柄ばかりが目に入る。売れ方はあまりよくなかった。

そこで各銘柄の種類が見えるように並べ、顧客がその中から自在に選べるようにしてみた。すると集客力が上がり、どの銘柄も売り上げが伸びた。これが人間の心理だ。

戦後の消費市場はもの不足の中で推移し、常に需要が供給を上回り、供給側が市場の主導権を握る売り手市場が続いた。それが一九八〇年代に入るころから、次第に供給が需要を上回って、もの余りの社会へと転じ、消費者が主導権を握って商品を選別する買い手市場へと変わってきた。

顧客の心理が消費を左右する。商品を並べれば売れた売り手市場は終わり、顧客が自分の心理に沿ってほしいものを選んでいく買い手市場の時代に入ったことを、店舗での実験を通して実証していった。

この実験結果をもとに各メーカーに混載方式を納得してもらい、日本の流通史上初の牛乳の共同配送が一九八〇年（昭和五十五年）にスタートする。半年後には各社とも配送経費が三分の一に低減、販売量も増加した。

セブン-イレブンの共同配送はその後、飛躍的に進化する。商品の特性に合わせて四段階の温度帯別に集約する共同配送センターを地域ごとに設置。納品車両は一日九台にまで削減される。

この配送で最も大きなウェートを占めるのが、摂氏二十度の最適温度で管理される弁当、おにぎりの米飯類だ。今やコンビニを代表する商品となった米飯類も、最初は供給側の思い込みや常識から抜け出すことから始まった。

反対されたおにぎりや弁当の販売

新しい需要は店の外にある

コンビニエンスストアは利便性の高い商品を提供する以上、ファストフードの品揃えは欠かせない。創業当初はアメリカのセブン-イレブンで扱っていた商品の中から、いくつかをとりいれた。

しかし、アメリカ型のファストフードはそのままでは日本では成功しなかった。例えば、ホットドッグだ。売るときに温かい状態を維持しようとすると、調理器の中で何時間も温められているケースも出てくる。すると、外皮が乾いて、売り物としては不適格なものも出てきた。

そこで日本型のファストフードを独自に開発する必要が出てきた。

日本ならおにぎりやお弁当だが、まわりからは「そういうのは家でつくるのが常識だから売れるわけがない」と反対された。

本当にそうだろうか。おにぎりやお弁当は日本人の誰もが食べるものだからこそ、大きな潜在的需要が見込まれる。よい材料を使い、徹底的に味を追求して、家庭でつくるものと差別化していけば、必ず支持される。そう信じて反対論を説き伏せた。

セブン-イレブンのおにぎりは一九七六年（昭和五十一年）に開発をスタートさせた。二年後の七八年（昭和五十三年）に海苔をフィルムに挟み、食べるときにご飯に巻く「パリッコフィルム」の方法を考案。業界初の手巻きタイプおにぎりとして発売し、大ブレイクする。

おでんも、調理麺も、浅漬けなども同じ考えから生まれた。誰もが店の中に今ある商品にばかり目を奪われるが、新しい需要は店の中ではなく外にあるものだ。

デイリー商品と呼ばれるこれらのファストフード類は、セブン-イレブンのＭＤ（マーチャンダイザー）と呼ばれる商品部の開発担当者が、デイリーベンダー（弁当やおにぎり、サンドイッチなどのデイリー商品を共同で開発、製造、納入する取引先）の担当者と一緒にチームを組んで商品を開発する。

これをチームＭＤ（マーチャンダイジング＝商品開発）と呼び、セブン-イレブンにおける独自の商品づくりの根幹をなしている。

現在、セブン-イレブンの年間のおにぎり販売個数は、十八億個に上る（二〇一三年度）。日本の全国民が年間に約十五個買っている計算になる。

仮説と検証

顧客に支持されるよう、品質を常に高めていくのは、並大抵の努力ではできない。

セブン-イレブンではファストフード類の新製品は毎日、昼食時に行われる役員試食をパスしないと発売できない。あるとき、私は赤飯の試作を一口食べて、赤飯本来の味でないことに気づき、担当者にどうやってこれをつくったのか尋ねた。

答は、ご飯と同じ炊飯の生産ラインで「炊いている」とのことだった。

「なぜ、蒸さないんだ」

私は、すぐにつくり方の切り替えを指示した。米を蒸すには、全国各地に分散するセブン-イレブン専用工場に、そのためだけの新たな設備投資をしなければならない。かなりの投資になる。それでも躊躇せず実行させた。

材料のもち米も最も適したものを探させ、赤飯本来のつくり方に立ち返った結果、和菓子屋など専門店に引けをとらない商品が生まれ、大ヒットした。

商品開発担当チームは、今ある設備を使っていかにおいしいものをつくるかを、それなりに一生懸命考えたのだろう。既存の設備を使えば、コストもかからず、効率もよくなる。

導入当初は米飯をレジカウンターで販売

しかし、それはつくり手の都合を優先した発想だ。コストがかかり、効率が悪くても、顧客が「おいしい」と思い、共感共鳴するものをつくっていけば、必ず、結果は出る。「一生懸命やる」のと「正しいことをやる」のとではまったく意味が違う。

チームは赤飯おむすびを開発する際、数十店もの専門店の赤飯や地方の評判の店の赤飯を集め、研究を重ねた。本物の赤飯は蒸してつくることはメンバーたちも十分、知っていた。それでも、炊く方法にしたのは、工場に蒸す設備がないため、「できない」と考えたからだ。

しかし、「できない」と思ったとき、もう一度問い直すべきは、今ある制約が本当に「できない理由」になっているかどうかだ。

制約を前提にその範囲内で最大限の努力をするのではなく、制約のもとではやるべきことが実現できないなら、どうすれば制約が取り除けるかを考えなければならない。日本におけるセブン-イレブンの歴史はその連続だった。

ただ、品質にこだわったファストフード類も、つくって並べればそれで売れるわけではない。店舗での商品の発注は前日に行う。その時点では、明日、どんな顧客がどんな商品を求めるかわからない。そこで、仮説を立て、発注する。そして、販売した結果を検証する。

仮説と検証をセブン-イレブンではアルバイトの高校生も行うが、これを可能にしたのが七八年（昭和五十三年）に着手した情報システムだった。

単品管理、POSに着目

前例のない情報システムの構築

情報システム化はセブン-イレブンの創業当初からの懸案だった。四年目に入ると店舗数は三百を超えた。商品数は全部で三千品目にも及ぶ。電話と手作業による受発注ではとても対応できない。

チェーン店の発注のシステム化という世界初の試みに挑戦することになった。大手電機メーカーを一社一社訪ね、発注のシステム化を打診するが前例のない試みにどこも難色を示す。唯一応諾してくれたのが日本電気だ。

初めはファックスを使う方式を考えたが、「それでは必ず限界が来る。発注データの電送を検討すべきだ」と助言してくれたのは当時の常務、後に社長、会長として手腕を振るう関本忠弘さんだった。

その一方で、交渉の場は緊迫した。私が求めたのは他社の参考機種の半分のコスト、開発期間は日本電気側から提示された「二年」の四分の一の半年、台数は五百台の一気投入だ。相手側からすれば、「非情なまでの低コスト」「常識的には不可能な納期」「とんでもない台数」だ。

それでも最後は会長の小林宏治さんが、「現場の人たちのニーズに応えずにいいシステムは開発できない。コストは長い目で見ればいい。セブン-イレブンと組みなさい」と判断を示してくれたことで、将来に賭ける構えで取り組んでもらえた。

小林さんは、一九七〇年代後半に早くも「コンピュータと通信の融合」を謳って、「C&C（コンピュータ&コミュニケーション）」のスローガンを掲げ、それまで「電電ファミリー」の電機メーカーというイメージが強かった日本電気を情報・通信系の一大エレクトロニクス企業へと成長させた日本のコンピュータ産業史にその名を残す名経営者だ。

その英断を得ることができたことは、非常に幸運だった。交渉の過程で妥結することが目的化し、妥協の線を探ろうとしていたら、その幸運は到来しなかった。自分がやるべき価値があると信じたことを実現させたいと可能性に挑戦したことが、幸運につながった。

日本電気では、われわれが求めた条件を実現するため、現場では毎日、「セブン（朝七時）～イレブン（夜十一時）」で取り組んでくれた。「天下一条件の厳しいセブン-

イレブンに対応できれば、どことでも対応できる」と、前向きに発想してもらえたようだ。

七八年(昭和五十三年)、発注端末機ターミナルセブンが全店展開される。発注台帳から品目をバーコードで読み取り電送するという、当時としては画期的なシステムだった。ただ、これは発注の効率化の域を出なかった。

ロスに着目

あるとき私は現場のマネジャーを店舗に行かせ、パンの品揃えを調べさせた。人気商品の欠品が目立った。もの不足の売り手市場の時代には、顧客はほしいパンがなければ別の種類でも我慢して買ってくれた。

しかし、もの余りの買い手市場の時代には、顧客はほしいものしか買わない。ところが、現場の店舗ではパンを一括りで考えて、ジャムパン、クリームパン、アンパン……等々の個々の単品に対する関心が依然低かった。結果、人気商品の欠品による機会ロスとその他の商品の売れ残りによる廃棄ロスが生じていた。機会ロスとは、その商品があったら売れたのに、欠品していたことにより生じる販売の損失だ。

単品ごとに売れ筋商品と死に筋商品をつかむ。それには重要なデータが不足していた。

当時は発注データはあっても、販売の結果を示すデータがなかったため、売り切れによる機会ロスを容易に把握できなかった。販売データが何としても必要だった。

私はアメリカで普及し始めていたＰＯＳ（販売時点情報管理）システムに着目した。これを活用すれば、どの単品がどの時間帯に何個売れて、どんな顧客が買ったのかを知ることができる。ただし、ＰＯＳを導入する前にやるべきことがあった。

単品管理を徹底

ＰＯＳは販売データが詳細にわかるがゆえの怖さもあった。人間は数字に表れると強く影響されやすい傾向がある。ある商品が前日何十個も売れると、明日も売れると考えてしまう。しかし、それは過去の実績にすぎない。

明日の天候、温度、地域の行事予定……多様な先行情報から顧客の心理を読み、何が売れそうか仮説を立て、発注し、結果をＰＯＳで検証する。

仮説と検証を繰り返し、欠品による機会ロスと売れ残りによる廃棄ロスを最小化する。これが単品管理であり、この取り組みが大切なのだ。

もの不足の売り手市場の時代には、昨日売れたものは明日も売れた。昨日のニーズと明日のニーズは同じだった。だから、誰が考えても答えは同じだった。

しかし、もの余りの買い手市場においては、昨日の顧客が求めたものを明日の顧客が必ずしも求めるとは限らない。昨日のニーズと明日のニーズは異なる。だから、昨日の延長上で考えるのではなく、明日のニーズについて自分で仮説を立て、今日やるべきことを考える。

この仮説が正しかったかどうか、POSで販売の結果を調べ、検証する。あるいは、POSデータの中から売れた個数こそ少なかったが、売れ行きの速さなどから明日は新しい売れ筋になりそうな商品について仮説を立てる。POSはあくまでも仮説と検証をより効果的に行うための手段であって、POSを使うことが目的ではない。

この意識の変革がなければ、ハードそのものに過大な期待がかけられ、機械さえ導入すれば自動的に状況が改善されると錯覚しがちだ。ひとたび、機械信奉が定着すると、過去のデータに振り回されるおそれがあった。

私は店舗を回って経営相談を行うOFC(店舗経営相談員＝オペレーション・フィールド・カウンセラー)を通して、オーナーからアルバイトまで単品管理の意識を徹底

1982年秋からPOSを導入

するよう努めた。

そして、機を見て一気に開発に着手した。八二年（昭和五十七年）、日本初の本格的POSシステムの全店導入を開始する。

アメリカではPOSは主にレジの打ち間違いや不正防止が目的で、マーケティングへの活用は世界初だったと後に知った。

ただ、単品管理は本当に難しい。今もすべての店で徹底できているとは言えない。永遠の課題である。

設立六年、最短で上場

財務基盤を拡充

セブン-イレブンの経営の特徴は、アウトソーシングという概念がまだなかった一九七〇年代から徹底して外部委託を進めたことだ。効率化と低コスト追求といえばもっともらしいが、要は自前で組織を持つ余裕がなかったのだ。

親会社の反対を押し切って始めた以上、親を当てにする甘えは許されず、自分たちで知恵を絞るしかない。

七九年（昭和五十四年）十月、設立六年弱で東証二部上場を果たしたのもその事情からだ。史上最短（当時）と知らされたが記録が目的ではなく、財務基盤を固めるため急がざるを得なかった。

トップが直接社員に語りかけるFC会議

その一方で、周囲から「なんて非効率なことをしているんだ」とあきれられながら、創業以来続けているのがFC会議だ。

全国各地で一人七～八店舗を担当して経営のコンサルティングにあたるOFC（オペレーション・フィールド・カウンセラー＝店舗経営相談員）を、隔週で全員、東京の本部に集めて会議を行っている。

変化対応業に徹するセブン‐イレブンにとって最大の敵であるマンネリ化を防ぐため、常に最新の知識を注入するのが目的だ。

参加者は現在、二千三百人のOFCのほか、店舗開発を担当するRFC（リクルート・フィールド・カウンセラー）が二百人、全国を十七地域に分けた各ゾーンのマネジャー、ゾーンをさらに細かく分けた二百二十五地区のディストリクト・オフィス（通称DO）の各マネジャー、そして、本部側からは商品担当をはじめとするマネジャークラスのスタッフが参加し、規模は、三千人ほどになる。

午前中に行われる全体会議では、本部の各部から商品情報やキャンペーン情報などさまざまな情報が提供される。前の週に優れた実績を上げたOFCやDOの成功事例

懇談会でオーナーと談笑（左端）

も全員の前で紹介され、共有をはかる。

午後はゾーンごと、続いて、ディストリクトごとのミーティングが行われ、それぞれのレベルに応じて、同じように最新の情報や成功事例が紹介される。

私も午前中の全体会議の中で、「会長講話」と題して、自ら全員に経営のあるべき姿を繰り返し語りかける。単品管理においていかに仮説と検証が大切か。過去の経験にとらわれずに、いかに新しいことに挑戦し続けるか。一歩踏み込んだ発注により、いかに機会ロスをなくしていくか……等々、経営の基本を一人ひとりの中にたたき込み、血肉化させる。

こうして朝九時半から一日がかりのスケジュールを終えると、ＯＦＣはそれぞれの担当地域へと戻る。そして、店舗一店一店の状況に合わせてカウンセリングを行う。

創業以来欠かさず続けられている本部のメイン会議だ。

直接顔を見ていれば、こちらの話を理解して聞いているか、納得しているかいないのか、自分は重要だと思って話していることを相手はどう受け止めているか、その場ですぐわかる。こちらの真意が十分に伝わっていないようなら、角度を変えたり、たとえ話をしたり、具体例を挙げたりと、話し方を工夫してさらに説明する。

日ごろの疲れで、中には居眠りを始めるものもいる。朝早く担当地区から出てきて寝不足かもしれない。それぞれの事情はわかる。それでも、「何のためにみんなでここに集まっているんだ」と厳しく叱って起こす。居眠りを繰り返すものは外に出すこともある。

参加者の方も、そんな私の語気、身振り、雰囲気などを通じて、真剣な思いや気迫を感じ取っていく。

当然経費がかかる。今もFC会議のために年間約三十億円の費用が投じられる。「このIT時代に、なんでそんな非効率で無駄なことをやっているんだ」と周囲から言われる。

単なる情報伝達なら別の方法もあった。しかし、互いに考え方や価値観を共有するにはフェイス・トゥ・フェイスのダイレクト・コミュニケーションに勝るものはない。これはIT時代の今も変わらぬ私の信念だ。

本部にはトップ直轄のオーナー相談部も設け、現場店舗の声を常時ダイレクトに汲み上げるルートも用意した。その声をまたOFCたちにフィードバックしていく。こうして情報が常に循環しながらあるべき姿が共有されていく。

初期のテレビCM「開いててよかった」のコピーは、制作の際、「コンビニをひと言で表現してくれ」と聞かれ、私が咄嗟に答えた文句だが、あるべき姿の追求はコピーどおりの支持を得ていった。

すべては大型店と小型店の共存共栄が可能なことを実証するために始まった。既存の常識で不可能なら可能になる方法を自分たちで考える。必要な条件が揃っていなければその条件を変えてみる。

常識とは過去の経験の積み重ねから生まれる。素人集団で経験がなかった分、買い手の発想で常識のウソが見えた。

セブン-イレブンは八〇年代に入ると、従来の二倍のペースで出店を加速していった。

デニーズの創業

ほぼ同時期にレストラン事業のデニーズも展開した。デニーズについても経緯を簡単に触れておきたい。アメリカでコーヒーショップレストランを展開していたデニーズ社との交渉はサウスランド社との交渉より、一年ほど早く始まった。

日本でもイトーヨーカ堂の総合スーパーを中核にショッピングセンターをつくる計画が持ち上がり、中に入るレストランを探すため、前出の清水秀雄君と私とでアメリカに渡った。日本では当時は外食産業といっても、駅前食堂ぐらいしかなかった。

アメリカ西海岸を中心に清水君と探し歩き、見つけ出したのがデニーズだった。提携交渉のため、ロサンゼルス郊外にある本社を訪ねたが、デニーズ社も日本進出にはまったく関心を示さず、難航した。

昼間は先方が忙しくてなかなか時間をとってもらえない。夜になって先方の時間が空いたころに会ってもらい、交渉を続ける。そのため、渡米すると現地に半月以上滞在しなければならなかった。その間、清水君が一人でサウスランド社を飛び込みで訪ね、門前払いを食わされた。

デニーズ社との交渉も二年がかりで難航したが、七三年（昭和四十八年）五月に契約にこぎ着けることができた。

この時期はサウスランド社との交渉もあり、年七～八回、渡米していただろうか。現地の食事ばかりだと飽きるので、電気ポットとカップラーメンを持っていって、ホテルで食べた思い出が残る。

デニーズは翌七四年（昭和四十九年）に横浜・上大岡に第一号店が、続けて藤沢に二号店がオープンする。

日本におけるファミリーレストランチェーンの草分けで、九州・福岡で外食チェーン「ロイヤル」を創業した故江頭匡一さんは、当時、「日本では朝食を提供しても難しい」

「二十四時間営業しても客は来ない」と話していた。

これに対し、デニーズでは初めから二十四時間営業のスタイルをとり、卵料理を中心とするアメリカンスタイルの朝食を用意した。ここに日本におけるファミレスの原型が生まれた。ニューファミリー層が台頭する中で外食産業も急成長し、デニーズも八二年（昭和五十七年）には上場を果たした。

一方、ヨーカ堂も七〇年代を通して店舗数は二十三店から百二店へ、売上高は二百六十億円から六千九百億円へと躍進する。八一年二月期決算では、ついに小売業の経常利益日本一へと躍り出た。

ところが、次の年の中間決算では一転、創業以来初の減益に陥る。

伊藤社長は「荒天に準備せよ」という海軍用語を掲げ、全社員に危機意識を訴えた。しかし、問題は根深く、業務の抜本的な見直しが必要だった。

世に言う「ヨーカ堂の業革」が始まる。

第４章

「業革」の徹底と変化対応

ヨーカ堂で「業革」に着手

初の減益

名門三越を抜き、小売業で経常利益一位になった一九八一年二月期決算から半年後の五月二十九日、伊藤社長とヨーカ堂の役員八名が箱根のとある旅館に集まった。三日間にわたり、グループ各社の経営課題を検討し、戦略を練る「経営戦略会議」を行う。その記念すべき第一回目の会議になるはずだったが、営業担当役員の発言により、この会議は別の意味でグループの歴史に足跡を残すことになった。発言はその年の中間決算の見通しについてだった。

「上期の経常利益は前年同期の実績を割り込んで減益となる見込みです」

役員たちに衝撃が走った。五八年(昭和三十三年)に伊藤社長が経営を引き継いで、株式会社ヨーカ堂を設立して以来、経常利益は二十三年間、右肩上がりで伸び続け、大手小売業の中では群を抜く業績を維持していた。

まさに順風満帆の成長路線を走ってきたヨーカ堂が創業来、初の減益に陥る。

ただ、減益見通しに衝撃を受けながらも、なぜ減益になったのかという原因究明についいては、どこか楽観視する雰囲気が漂っていた。営業担当役員の減益見通しについての説明もそうだった。

「前年の冷夏に続いて大雪、春先の低温など天候不順が続いており、販売成績が当初の予測を下回ることになりそうです」

天候不順や、イラン革命（独裁王朝を倒し、イスラム共和制を樹立した革命）に端を発する石油高騰の第二次石油危機と結びつけ、一時的な販売不振がもたらした減益であるとする会社側の説明に、社内で特に異を唱えるものはいなかった。

八一年八月の中間決算は予想どおり、前年同期比一・七％の経常減益となった。しかし、中間決算発表では、従来と同じように店舗数拡大により業績を高めていく方針を掲げ、八二年（昭和五十七年）二月期決算では、増収増益という見通しが示された。

中間期の経常減益を伝えた当時の新聞を見ても、「減益は一過性」「新店の業績などに自信」「通期見通し修正せず」といった見出しが見られる。

しばらくして状況が好転し、売り上げを伸ばせば、減益はすぐ取り戻せるだろうと誰もが考えた。

ところが、下期になっても業績に好転の兆しは見えず、通期でも減益の可能性が出てきた。それでも経営幹部とスタッフの間で検討された対応策は、コスト削減をさらに細かく行うといった対症療法の域を出なかった。

ワイシャツを買いに行ってア然

当時、セブン-イレブンの経営と並行して、ヨーカ堂の常務取締役として管理部門を統括していた私は業績の急落について、まったく別の見方をしていた。外的要因による一時的な販売不振などではなく、業務そのものに根本的な問題があるのではないか。

前述のとおり、私は入社以来、直接営業部門を担当したことはなかった。ただ、毎日全店舗から上がってくる販売データから、店の状況は把握していた。売り上げが頭打ちになる一方で、店舗の抱える在庫は増加し続け、利益を圧迫している状況が手にとるように見てとれた。

それはある日、確信へと変わった。自宅のあった東京・田無（現西東京市）のヨーカ堂へワイシャツを買いに行ったときのことだ。標準体型の私に合うサイズが品切れしていてまったくない。ほかのサイズはいくらでもあるのにだ。

店の担当者に聞くと、シャツは各種サイズと各色を揃えた十三枚一ロットで納品されていた。よく売れるサイズはすぐ売り切れる。次に注文するとまた十三枚一ロットで入ってくる。あまり出ないサイズはどんどん在庫がたまる。その在庫が九十日分もあった。

大きなロットでの発注の仕組みがスーパーでは依然続いていたのだ。

少し前まではそれでも成り立った。顧客はほしいサイズが欠品でも近いサイズで間に合わせてくれた。売り手側もよく売れるサイズを品切れさせないことよりも、多様なサイズや色柄を豊富に品揃えすることに注意を向けていた。

また、品切れは「完売」したことであり、むしろ、「名誉なこと」と考える傾向すらあった。そして、売れ残った在庫は安売りすれば処分できた。

しかし、八〇年代に入るころから、売り手市場から買い手市場へと変わり、もはや顧客は求める商品しか買わなくなっていた。顧客の買いものの仕方が大きく変わっていた。実際、以前は即日完売が当たり前だったチラシ掲載の低価格の目玉商品が売れ残るようになっていた。

七〇年代半ばに一号店を開業したセブン-イレブンは既存の流通の仕組みを自分たちで変えながら、消費の構造的な変化に対応してきた。一方、高度成長期に飛躍的に発展し、売り手市場の成功体験が色濃く染みついたヨーカ堂では、買い手市場への対応が決定的に遅れていた。

在庫ロス削減を必死に提案

実際、経営政策室のスタッフが九月に策定したビジネスプランも、コスト削減案に終始し、ヨーカ堂が直面している消費構造の一大転換という深刻な事態に対応すべき戦略とはかけ離れていた。

私はビジネスプランを一読し、こう言って策定をゼロからやり直すよう指示した。

「今、ヨーカ堂は企業体質が悪化し、健康体ではなくなっている。土台から体質をつくり直していかなければならない。その間は売上成長はゼロでもいいから、いかに利益成長をはかるかを考えなければならない」

売り手市場から買い手市場へ、一八〇度の転換に対応する。そのためには、根本的な政策転換と企業体質の抜本的改革が必要であり、それは一朝一夕にはできない。これまでどおり、売上至上主義で利益をかえりみない営業活動を続けている限り、実現は望むべくもない。

翌十月、トップ以下幹部社員を集めて経営政策委員会が開かれた。席上、私は利益を重視する新たなビジネスプランを示し、参加者に強くこう訴えた。

「これまでは、利益率を低くして安売りをすることが最善の方法であるかのように考えられてきた。その結果、お客様が求めている商品をしっかり提供できなくなったのは本末転倒である。利益とはお客様の支持の結果であり、利益こそ商売と経営のバロメーターと考えるべきである」

これに対して出席者から、さっそく質問があがった。

「売り上げが伸びない状況でどうすれば利益を上げることができるのか」

私は、死に筋商品が滞留して不良在庫が利益を食い潰している現状や、その一方で売れ筋商品が品切れして機会ロスを生じている現実を直視してもらうため、こう言い切った。

「在庫のロスを三分の一減らせば利益は倍増します」

実際、当時は在庫の値下げ処分などによるロスが利益の三倍に達していた。つまり、利益一億円に対して、ロスは三億円あった。だから、在庫のロスを三分の一の一億円減らせば、利益は倍の二億円になる。

非常に明快な話だが、誰もうなずこうとしない。在庫のロスを減らすには、店頭で売れ残っている死に筋商品を排除していく必要がある。営業担当者たちは「在庫を減らすと売り上げが落ちる」「豊富な品揃えこそがスーパーの特徴だ」と過去の経験から抜け出そうとしなかった。

確かに、高度成長時代には顧客の旺盛な購買意欲を満足させるよう、商品を十分に確保して在庫を幅広く豊富に抱え、途切れることなく商品を供給することが売り上げに直結した。

それを真っ向から否定し、在庫削減を求める私の考えは、「販売経験がない人間に何がわかる」「それは素人考えだ」とまたも反対された。

それに屈せず、私はこう主張した。

「高度成長期には、たとえ商品が売れ残っても、安売りをすれば買っていただくことができました。しかし、今やお客様に認められない商品はいくら価格を下げても売れなくなっています。これまでのようにお客様のニーズを考えず、ただ商品を大量に仕入れるやり方を続けるべきではありません。今までどおりのやり方を続ければ、大量の不良在庫を生み出して、利益を圧迫することにしかなりません」

営業担当幹部も、何らかの手を打たなければという意識は持っていたはずだ。ただ、過去の経験を容易に捨てきれなかった。

このとき、営業部門を統括する常務の森田兵三さんが、「この際、実行してみよう」と後押ししてくれたことで、その場の空気が動いた。森田さんはヨーカ堂の第二号社員で、創業以来営業の第一線に立ってきた。その森田さんが賛同してくれたのは何より心強かった。

私の提案は経営政策委員会としての決定となり、伊藤社長も承認してくれた。

経営政策委員会での決定を受けて、八一年度下期の経営方針には、売り場に並ぶ死に筋商品を徹底して排除するための具体策として、次のような行動指針が盛り込まれた。

・タスクフォース（実行部隊）を設置して滞留商品をチェックする。
・個々の商品動向をチェックする数値分析チームを設置する。
・一週間の商品販売動向を店長がチェックして、売れ行きのベスト十品目、ワースト十品目を確認する。

そして、何のためにこれらの行動をとるのか、目指す方向性を徹底するための目標も明確に示した。

・店舗における在庫を削減し、常にお客様のニーズに合わせた商品導入を可能にする。
・新たな商品を導入し続け、「攻めの営業政策」に転じる。

・商品の品質をチェックし、次期の営業戦略に結びつける。
・商品のマネジメントに全力を集中する。

こうして売り手市場から買い手市場へ、消費の構造的変化に対応するため、経営方針の転換が明示された。

この年の八月に本部は千代田区三番町から港区芝公園の東京タワーの隣のビルに移転した。新しい本部の入り口正面に、「荒天に準備せよ」のスローガンが掲げられたのもこのころだ。

ここから、流れが大きく変わっていく。

四千五百人を異動した大組織改革を断行

業務の棚卸しからスタート

翌一九八二年（昭和五十七年）二月二十三日、私は「業務改善プロジェクト」を発足させ、ヨーカ堂のすべての業務の抜本的な見直しに着手した。

毎週、各部門の責任者や幹部社員が集まり、課題を議論し、結論が出たら一斉に動く。後に「業務改革委員会」と名称変更し、通称、「業革」と呼ばれるようになる。

この会議にはスタート当初から伊藤社長は出席せず、プロジェクトをすべて私に任せてくれた。

業革のプロジェクトで徹底したのは一つ一つの商品の売れ行きと在庫を管理する単品管理、特に死に筋の排除だ。

ただ、その前にやるべきことがあった。全社員が価値観を共有し、一緒になって業務の改革を進めるには、組織についても思い切った改革が必要だった。

そこでプロジェクト発足とほぼ同時期に、社員約一万二千七百名中、三分の一以上の約四千五百人にも及ぶ大人事異動をともなう組織改革を断行したのだ。

組織改革の準備は前年の十二月から、進められた。

まず、私は経営政策室のスタッフに、社内のあらゆる業務の棚卸しからスタートするよう指示した。スタッフは各店舗、地域ごとのゾーン、本部各部署のそれぞれの責任者へのインタビューを休日返上で行い、約二週間で結果をまとめあげた。

浮かび上がったのは、会社の規模が大きくなったことにより、組織が複雑化し、必要な情報が速やかに現場に伝達されていない現状だった。

変革時にはトップダウンで組織が動かなければならない。本部の方針がスピーディーかつ正確に組織の末端まで伝わり、すぐに実行に移すことができるよう、抜本的な組織改革が急務となった。

ダイレクト・コミュニケーションの仕組みを整備

さらに業務を見直すなかで、驚くべき事態が判明する。本部から各店舗に向けて発せられる指示書や要望書、通達の類の膨大な量だった。

例えば、本部から千葉の津田沼店へ出された通達類の数は一カ月に八千通にも上っ

1982年に始まった業務改革委員会

た。一日あたり、二百通以上になる。

通達の多くは、仕事の進め方の確認や仕事の仕方の変更に関するものだ。しかし、それが二百通を超えると、どうやって現場に徹底するのだろう。

一般的に人間は自分のことになると、とかく考え方が保守的になる。そのため、これまで続けてきた仕事の仕方の変更を求める通達に対して消極的になり、通達が多すぎて対応しきれないことを「できない言い訳」にして、なかなか実行しない。あるいは、旧来どおりの仕事のままで問題が生じても、変更を求める通達を見て見ぬふりをする。そんな弊害が生じている可能性が多分にあった。

通達の多さの原因は、組織の複雑化による指揮系統の混乱にあった。

より重大な問題は、通達に盛り込まれた新しい情報が売り場の末端まで届かず、全員に徹底されていないことだった。組織が完全にマンネリ化し、情報の新陳代謝がまったくできていなかったのだ。

情報の伝達に長い時間をかけ、多くの経路をたどり、末端で情報が活かされないようでは、変化に対応できるはずがない。本部店舗間のコミュニケーションの仕組みを即刻、変えなければならなかった。

私は年明けを待たずに、全国約百店舗の店長を東京の本部に集めて、毎週、「店長会議」を開催することを決め、年末の繁忙期にもかかわらず、第一回の会議を開いた。朝九時、本部の地下講堂に集まった店長たちの多くは当初、この店長会議を利益重視への経営戦略の転換にともなう臨時的なものと考えたようだ。北海道などの遠隔地からは前日に上京するため、交通費や宿泊費などの経費がかかる。利益拡大が求められているこの時期に、会議のために経費をかけ続けることはないだろうと読んだのだ。

それに対し私は、毎回百万円以上の経費がかかることを示した上で、「コミュニケーションにお金をかけることが方針である」と明言した。

経費まで具体的に明かしたのは、それだけのコストをかけても本部と店舗との間のコミュニケーションを密接にとり、改革を断行していく不退転の決意を示すためだった。

店長会議では、そのときどきで取り組むべき会社全体の方針の説明、事業部間にまたがるマネジメント業務の指導や確認、シーズン・月間・週間のそれぞれの販売計画とそのための商品情報など、マクロからミクロに至る情報の共有がはかられた。

かくして、ヨーカ堂においても本部と現場の間のダイレクト・コミュニケーションの仕組みが整えられた。この店長会議は今も継続して開催されている。

そして、八二年二月三日、「組織改正」が発令される。約四千五百名に及ぶ大人事異動をともなう組織改革は社内に大きな衝撃を投げかけた。

現場のポストを半減

特に大きな改革は店舗での組織で行われた。例えば、従来は、紳士衣料の部門でも紳士服、紳士カジュアルなど売り場ごとにチーフがいて、その上に紳士衣料部門の担当マネジャーが配属されていた。このチーフ制を排し、階層を一つ減らすことでフラット化する。現場のポストが半分近く減った。

肩書きが外れる人には、これは降格人事ではないこと、これからは役職重視ではなく資格重視の組織に変わると説明したが、現場の衝撃は大きかった。

また、商品開発や仕入れを担当する本部の商品部と、販売を担当する各店舗の間の調整役としてスーパーバイザー制を導入。約百六十人を選任し、全国に配置した。

商品部→店舗という一方通行の情報や商品の流れを改め、スーパーバイザーが商品部からの情報を店舗にダイレクトに伝えるとともに、店舗からの要望や課題などの情報を吸い上げ、商品部や本部へフィードバックする。そして、毎週、三者が一緒にミーティングを開く。ここにもダイレクト・コミュニケーションの仕組みを入れた。

これほど大規模な組織改革に踏み切ったのは、それほど危機感が大きかったからだ。

私が最も危惧したのは、社員の間にはびこる悪しき経験主義と当事者意識の欠如だった。

高度成長期に入社し、売り手市場の中で育った社員たちは、「店のことは自分たちが一番知っている」と思い込み、過去の経験と勘に頼って仕事をする。しかし、時代は買い手市場に変わったため、これまでどおりの仕事の仕方では成果が出ない。

自分は今までと同じように一生懸命やっているのに、なぜ、成績が上がらないのか。それは、自分以外の人に問題があるのではないか。

そう考え、売り場担当者は一つ上のチーフに問題があるのではないか、チーフはそのまた上の担当マネジャーのやり方がいけないのではないか、担当マネジャーは店長に問題があるのではないか、あるいは、商品部が「こんな商品しか入れてこないからだ」と、順に人のせいにして、責任転嫁していく。

部下とはややもすると組織において自己正当化をはかろうとする存在であり、これが人間の心理だ。

こうした責任転嫁の連鎖を断ち切り、「思うように成果が上がらなくなったのは、商売を取り巻く環境が大きく変化したからであり、仕事の仕方を根本的に転換しなければならない」という意識を徹底させる。

私は社員たちにこう訴えた。

「今、私たちに必要なことは、今までの商売のやり方を捨て、素人の素直さを持って、お客様のニーズを的確に知ることではないでしょうか。素人であるということは、キャンバスを一度真っ白にしてものごとを考えることです」

人事異動で多少人員を動かしたくらいでは改革は進まない。今までとは違う何かが始まる。衝撃的な大規模組織改革の第一の目的は、意識改革を促す起爆剤にすることだった。

死に筋排除の徹底

在庫日数が減少へ

業革プロジェクトの本来の目的である死に筋排除をいよいよ実行に移す。

当初、店長会議で「死に筋排除の方針」を示したとき、店長たちはその意味合いをよく飲み込めなかったようだ。

それまでは、売り上げを上げるため、必死になって売れ筋商品を見つけ出すことに注力し、どの商品が死に筋なのかなどと、まったく意識したことがなかったからだ。

こうした中で、一九八二年（昭和五十七年）二月の組織改革において、各店舗に「死に筋捜しプロジェクト」が設置された。商品分野ごとに数名のプロジェクトリーダーを配置し、各売り場の死に筋商品をピックアップし、担当マネジャーや担当者と確認しながら、発注の中止などにより、排除を進めていく。

当時ヨーカ堂の店舗にはまだ、ＰＯＳシステムは整備されていなかった。一つ一つの商品の販売動向を把握するには、商品を目の前に並べて、何がいくつ残っているか、現物と仕入れ伝票を照合して、消し込みながら棚卸しをしていく方法しかない。それは大変な労力をともなう作業だった。

また、多くの在庫を持ち、大量販売により売り上げを拡大してきた経験からすれば、在庫の削減は売り上げが下がることにつながるのではないかという不安が絶えずつきまとう。そのため、死に筋の排除は意識面でも、言葉で言うほど容易ではなかった。

困難をともないながらも、各店での死に筋商品の洗い出しは着実に進められ、在庫は徐々に削減されていった。八二年二月期には三十六日あった在庫日数は、翌八三年二月期には三十四日、八四年二月期には三十日へと減少していく。

業革始動二年目の八三年（昭和五十八年）になると、現場でも確かな手応えが感じられるようになっていった。死に筋とわかれば、早めに処分する。在庫が減れば、品出しやバックルームでの作業も減り、その分、発注や接客などを充実させることができる。収益が目に見えて改善される。うまく回り始めたことで、死に筋排除の方針は正しいという確信が現場でも定着していった。

アイテムの絞り込み

死に筋の排除と同時に、売れ筋商品の「品切れ防止プロジェクト」も各店舗に設置した。死に筋が在庫に混入しているだけでなく、売れ筋の品切れ率も高く、年間千二百億円もの膨大な機会ロスが出ているとの調査結果が出ていた。

アイテムをいかに売れ筋に絞り込むか。私がたまたまヨーカ堂の田無店でほしいサイズの品切れを経験したワイシャツについて、実験を行った。

商品部内では当初、「食品と違って、衣料はアイテムの多さがお客様の選択肢を広げることに直結するのだから、アイテムを絞り込むと売り上げが落ちるのではないか」という懐疑論が大勢を占めた。

しかし、業革を断行する以上、一歩踏み出さなければならない。

実験の結果、よく売れているワイシャツの柄は最終的に四柄に絞り込まれた。メーカーにその四柄に絞って生産するよう要請すると、「アイテムの絞り込みは売り上げダウンを招く」とメーカー側も初めは既存の考え方に縛られた。

そこで、店舗でさらに実験を続けたところ、四柄に絞っても売り上げは落ちないことがわかった。最終的に、アイテムの絞り込みは、売り場では坪効率が上昇し、メーカーサイドも生産効率が上がって、コスト削減効果が得られることが判明する。

こうして、売れ筋のアイテムの絞り込みと死に筋の排除の意味合いが、メーカーも巻き込んで実感をもって理解されるようになり、実験開始時にはサイズと色柄合わせて千アイテムあったワイシャツが三百アイテムに削減されていった。

「なぜ?」と問う習慣

単品管理の重要性が徐々に理解されるようになると、さらに踏み込んだ取り組みを社員たちに求めていった。私は死に筋排除について、現場に対し繰り返しこう語った。

「死に筋商品は、ある晩、誰も見ていないうちに自分でこっそり売り場に忍び込んでくるわけではない。誰かが売れると思って入れたはずだ。そうだとすれば、なぜ、死に筋になっているかを考えなければいけない」

数字だけを見て、単純に「売れていない商品」と考え、機械的にカットしていくと、単なる縮小均衡に陥る。しかし、売れない商品の中には、陳列量や陳列面のとり方、陳列場所によって売れ方に差が出ていることもある。

そこで、数字の上で売れ残っている商品については、棚に行って、なぜ、売れないのか、商品が悪いのか、値段が高いのか、鮮度がよくないのか、これまでの売り方に問題はないか、別の売り方をしたらもっと売れる可能性はないか……等々、排除する前にいろいろな角度から検討して判断する。

同じように、売れ筋についても、単によく売れたという結果ではなく、なぜ、どのように売れたのか、原因や理由を考えさせるようにした。

こうした地道な努力は会社全体の数字にも表れ、八三年八月の中間決算では、経常利益は対前年比五一・三％増、同じく営業利益三四・四％増と大きな伸びを示した。

人間は仕事の仕方を変えることに強く抵抗する。改革はむしろ、例は悪いが、経営破綻したあとの方がやりやすく、まだ大丈夫だと思っているときが一番難しい。説得するには相手が納得するまで語り続けるしかない。

業革に邁進する日々は、仮説を立てては実行し、結果のデータを検証しながら行う単品管理の大切さを訴え続ける日々でもあった。

そして、それは素人集団がセブン‐イレブンを創業し、既存の流通の仕組みを変えていくなかで生み出していった仕事の仕方やものごとの考え方をヨーカ堂へ移植していくプロセスでもあった。

肝炎発病し即入院

業革は立ち上がりこそ苦労したが、ヨーカ堂は売上至上主義から利益重視主義へと大きく転換する。

小売業の経常利益日本一へと躍り出た八一年二月期の売上高経常利益率は三・三%だったが、十年後の九一年二月期には六・六%へ倍増。「ヨーカ堂の業革」に俄然、注目が集まった。

ところで、業革が始まってまもなく、私はB型肝炎を発病する。前から体がだるかったがある日ひどく調子が悪く、病院へ行くと即入院の診断だ。

医師だった弟がたまたま肝臓病の専門医で、勤務する小田原の病院に一カ月入院するはめになった。

昔、母親が手術を受けた際の輸血が原因で母子感染した可能性が大きかった。二つの会社の経営にかかわって無理が重なり、発症したようだ。

入院中も適当に抜け出せるだろうとタカをくくっていたらとんでもない。弟から絶対安静に寝ているよう厳命される。仕事人間にとってはじっとしているのが一番辛かった。

退院後も三年ほど通院した。再び仕事に打ち込めるようになったのは弟のお蔭で、一生頭が上がらない。

「日米逆転」のサウスランド社救済

突然の支援要請

「当社の経営を引き受けてもらえないか」

サウスランド社のオーナーから直接、支援を申し込まれたのは、業革によりヨーカ堂が高収益体質に変わりつつあった一九九〇年（平成二年）一月、ハワイでのことだった。

私は他の役員たちと共に、サウスランド社からハワイのセブン-イレブン五十八店舗を譲り受けた記念パーティに出席していた。するとオーナー家トンプソン一族の会長、社長、副社長の三兄弟が時間をとってほしいという。

極秘のトップ会談で「当社の株式を買ってほしい」と救済要請を切り出されたのだった。

予感は的中した。私はすぐに創業以来、対米の窓口になってきた鎌田誠晧君を帰国させ、準備に取りかからせた。

ハワイでの記念パーティーで（1990年1月）

なぜ、サウスランド社は経営危機に陥ったのか。ここで、アメリカにおけるセブン-イレブンの生い立ちに簡単に触れておきたい。

生まれは一九二七年にまでさかのぼる。サウスランド社はもとは製氷会社で、各地に氷小売販売店のチェーンを配置した。その中の一つ、テキサス州のオーククリフという町の小さな氷小売販売店でのことだ。

アメリカでもまだ各家庭に電気冷蔵庫が普及していなかった時代で、冷蔵庫用の氷は生活に欠かせない日常の必需品だった。店の運営を任されていたジョン・ジェファーソン・グリーン氏は非常に商売熱心で、夏の時期には週七日、毎日十六時間の営業を続け、地域の人々から重宝がられていた。

ある日、お客から、「氷のほかにも、卵や牛乳、パンとかも扱ってくれると、もっと便利になるなぁ」との声が寄せられた。試しに販売すると大好評を博したことから、グリーン氏はさっそく本部に提案する。

本部はその事業化に乗り出し、ここにコンビニエンスストア（便利なお店）が誕生する。

四六年には、朝七時から夜十一時まで、毎日営業する小売チェーンとして、営業時間にちなんで店名を「7-ELEVEN」と変更する。このとき数字の「7」と

「ＥＬＥＶＥｎ」を組み合わせたロゴマークの原型が生まれた。

その後、多くの店が二十四時間営業を開始する。都市化の進展とともにセブン‐イレブンは成長を続け、全米最大、すなわち、世界最大のコンビニエンスストアチェーンとしての地位を不動のものにした。

繁栄から一転、急落

八〇年代に入り、サウスランド社は経営の多角化に乗り出した。

まず、本社のあるテキサス州ダラスに百六十四エーカー（東京ドーム十四個分）の土地を購入し、新都心開発の不動産事業に着手する。ダラスに本拠を置いて同じテキサス州ヒューストンのＮＡＳＡ（米航空宇宙局）の宇宙センターに納品していたエレクトロニクス産業やベンチャー企業の急成長を見込んだものだった。

さらに、セブン‐イレブン店舗の多くがガソリンスタンドを併設していたため、石油精製事業にも進出する。

そのころ、セブン‐イレブンの日米のトップ同士で会うたびに、トンプソン一族が事業の多角化を得意気に話すのをさんざん聞かされた。

ところが、八六年、原油価格が暴落し、大量の原油を抱えて、石油精製事業は急速に悪化する。

同じ年、スペースシャトル・チャレンジャー号が打ち上げ直後に爆発して乗組員全員が死亡する大惨事が起きたことから、宇宙開発が凍結される。多くのベンチャー企業は雲散霧消。地価は急落し、不動産事業も暗礁に乗り上げた。

翌八七年六月、投機筋が弱体化したサウスランド社買収の動きに出る。トンプソン一族はLBO（買収先の資産を担保に資金を調達して行う企業買収）により自社株を買い戻して非上場化し、防衛をはかった。

さらに短期借入金の負担を軽くするため社債を発行した。直後の十月十九日、不運にもニューヨーク株式市場の暴落に端を発した世界同時株安、世に言うブラックマンデー（世界的株価暴落）に襲われる。

社債は買い手がつかず、より高利回りにせざるを得なくなり、金利負担が経営を圧迫した。ここで日本側に救済を求め、まずハワイの店舗の買い取りを申し出てきた。

しかし、これも焼け石に水で、ついに本体の再建を要請してきたのだった。

本家再建に乗り出す

サウスランド社の経営破綻の直接のきっかけは多角化の失敗だった。しかし、根本的な問題は危機的状況を持ちこたえられないほど本業が弱体化していたことにあった。最大の元凶はディスカウント政策だった。

八〇年代、アメリカではスーパーが二十四時間化を進め、ディスカウント戦略を強化した。コンビニもこれに追随する。結果、熾烈な価格競争に巻き込まれ、収益がどんどん悪化する悪循環に陥った。これに多角化の失敗が追い打ちをかけた。

サークルK、ナショナル・コンビニエンスストアなど他の大手チェーンも危機に瀕し、ついにマスコミや学界から「コンビニ時代の終焉」を宣告されるまでに至った。

ただ、私はアメリカでのコンビニ終焉説を鵜呑みにはしなかった。

ディスカウントに流れた既存の経営をすべて否定し、変化に対応できる仕組みにつくり直せば十分に経営は成り立つ。もし、このまま本家本元のアメリカのセブン-イレブンが行き詰まれば、日本も同じ延長線上で見られ、国内での発展に障害となるのは必定だ。

私はトンプソン会長の申し出を受け、買収による再建を決意した。

再建案づくりは三万人を超える社債所有者の承諾を得るため難航したが、鎌田君の奮闘で連邦破産法第十一条（日本の民事再生法に相当）の適用にこぎ着ける。

当座の必要資金は六百四十億円に上った。ただ、われわれのグループの経営にとっては、キャッシュフローの範囲内で、仮に無駄になっても経営の根幹は揺らがない。

終始消極的だった伊藤社長には、こう言って最後の確認をし、了解をとった。

「これ以上はビタ一文出しません。ただ、もし失敗したら申し訳ありませんが、一番に責めを負うのは社長で次が私です。それでいいですね」

九一年三月、われわれはサウスランド社の株式の七〇％を取得する。日本企業による、アメリカでの戦後最大の再建劇が始まる。「日米逆転」とマスコミは報じた。

「仮説と検証」による単品管理をアメリカでも実践

考え変えぬ現地経営陣に怒る

「ハリケーン・スズキがまたやって来た」

サウスランド社再建支援のため渡米するたび、私はそう呼ばれた。ハリケーンのようにやって来ては壊していく。実際すべてを否定し、つくり直さなければならなかった。

再建当初の店舗数は約七千三百店。私は現場の店舗を見て回って、目を疑った。

「ここは倉庫か」

店舗はどこも薄暗く汚れ、通路にビール、タバコ、清涼飲料のカートンが山積みされてディスカウント販売されている。棚のパンはパサパサだ。

仕事の仕方を変えることへの抵抗は、日本もアメリカも同じだ。誰より抵抗したのはサウスランド社の経営陣だった。現地経営陣は破綻の原因を投機筋による企業買収騒動に求め、経営のやり方を容易に変えようとしなかった。

私は現実を直視しない彼らに、会議の場でときに怒髪天を突くほど怒りをぶつけ、それを翻訳しきれない通訳の肩を叩き、あえて叱責する様を目の前で見せつけてまで、一切妥協しない姿勢を示した。

そこまでしなければ、血液を入れ替えるくらいの意識変革はできないと考えた。

最大の問題は現場の店舗が商品発注を他人任せにしていたことだ。

納品のパターンは二とおりあった。一つは物流センターからの商品の押し込みだ。

サウスランド社は全米屈指の規模と評された巨大な物流センターをいくつも所有していた。

各センターは独立採算制のため、商品を大量に買いつけ、安い単価で入手するボリュームディスカウントを追求する。店舗へは需要とかかわりなく、買いつけた商品を押し込むため、在庫が山積みになる。

私は物流センターを卸売企業に売却。物流機能を一括してアウトソーシングし、合理化をはかった。アメリカの流通業は物流施設を自社所有するのが常識だったため、一斉に驚きの声が挙がった。

もう一つ、ベンダー（配送機能を持ったメーカーや卸売業者）によるルートセールスも大問題だった。営業マンが定期的に店を回り、自社の都合で商品を並べていく。これも押し込みに変わりない。

オーナーは発注の手間が省けるため、その方が都合がよいと思っていた。しかし、これを根底から変えない限り店は再生しない。

「発注こそ店の特権である」

私は繰り返し唱え、アメリカでも単品管理を徹底させた。

発注権限の現場への委譲

実は私はヨーカ堂の業革のときにも同じ言葉を発し、「発注こそ店の特権である」と訴え続けた。ヨーカ堂でもそれまでは送り込み方式がとられていたからだ。

本部がセントラルバイイングにより、一括して仕入れた商品を各店舗に送り込む。売り場で直接お客様に接している販売員の意思が発注にまったく反映されていなかった。

メーカーや問屋からのルートセールスも行われていた。これらはアメリカで生まれたチェーンストア理論に基づいたもので、当たり前のように行われていた。

しかし、旧態依然とした送り込みのシステムに依存している限り、買い手市場の顧客ニーズに応えられない。

これからは売り場の人たちが自分たちで意思を持って、どの商品をどれだけ発注するか、決めなければならない。そして、発注した商品は自分たちが責任を持って売り切る努力をしなければならない。

本部主導から店の個々の売り場へ、発注権限の百八十度転換を推進させた。同じことを今度はアメリカのセブン-イレブンの各店舗に求めたわけだ。

初めはパート従業員が朝晩、陳列されている商品数量をあえて手作業で調べ、リストに記入する方式をとらせた。売れ筋を把握し、死に筋を排除する大切さを体で覚える。そのうえでPOSを導入した。

POSをすぐには導入しなかったのは、日本のセブン-イレブンのケースと同じ判断だった。ヨーカ堂の業革時もPOS導入を望む声は強かったが、けっして急がなかった。

単品管理を行い判断するのはあくまでも人間であり、その意識が徹底されていない状態で導入すれば、ハードウェアばかりに依存し、自動的に改革が進むと錯覚する。意識改革が何より先決だった。

POS導入により、アメリカのセブン-イレブンでも一つ一つの商品について、明日はどの商品が売れ筋になるか、発注の仮説を立て、実行し、結果を販売データで検証する単品管理の取り組みが本格化する。

発注を任された従業員は自分の担当商品がどれだけ売れたか、オフの日でも店に確認の電話をかけてくるなど自発的な取り組みを見せた。アメリカではパートタイマーには発注のような重要な仕事は任せられないという考えが常識だったため、「奇跡だ」と驚かれた。

単品管理はそのままタンピンカンリ、もしくは略してTKと呼ばれ、定着していった。

慕われるティーチャーになれ

店舗を回るOFC（オペレーション・フィールド・カウンセラー）たちも、それまではマニュアルをもとに、何ができていて、何ができていないかをチェックをするだけだった。

「これではポリスマンではないか。コミュニケーションをともなった慕われるティーチャーになれ」

私は、そう言ってOFCたちの意識転換を求めた。

ファストフードの抜本的な改革にも着手した。日本のセブン-イレブンと同様に、ベンダーと一緒に商品を開発するチームMD（マーチャンダイジング＝商品開発）により、新鮮なサンドイッチ類を専用工場でつくる仕組みを導入。共同配送センターも配備した。

あるベンダーの経営者は過去二十五年間、ダラスの本部に招かれたことがなかったのが定期的に出入りするようになり、感動をこう表現した。

「ベンダーを搾取するだけだったサウスランド社が、日本人が来てからは違って、高い品質の商品づくりに共感するベンダーを求めた。だから、私は協力を約束しました」

初めは反発したオーナーたちも、モデル店舗の経営が急速に改善するのを見て、次々と挑戦を始めた。

モデル店舗から輪を広げた〝アメリカ版業革〟により三年目には黒字転換。以降も業績を飛躍的に回復させていった。

一九九九年には社名をセブン-イレブン・インクに変更する。そして、二〇〇〇年七月、業績回復を背景に、ニューヨーク証券取引所に悲願の再上場を果たす。八七年以来、十三年ぶりのことだった。

この間、日本側経営陣が常駐することもなかった。株式の約七〇％を取得しながら、「買収（M&A）」とは一度も呼ばず、「戦略的同盟（ストラテジック・アライアンス）」

の表現で押し通した。

サウスランド社再建はけっして日本流をそのまま導入したのではない。日本で行った業革と同じように、小売業の「あるべき姿」を目指し、意識変革を求めた。小売業はドメスティック（地元固有）だが、仮説と検証によりニーズに応える「あるべき姿」は国を問わないことを実証したのだった。

第5章

絶えることなき不可能への挑戦

ヨーカ堂総会屋事件

社長が引責辞任

サウスランド社の再建が始まり、日米逆転に注目が集まるなかで、翌一九九二年（平成四年）十月、イトーヨーカ堂本体に激震が走る。総会屋に利益供与した商法違反容疑で監査役と幹部が逮捕された。

別件で逮捕された総会屋が、ヨーカ堂から金を受け取っていたと自白したことから事件が発覚した。

総会屋との関係は株式上場時にスカウトした役員が「保険のつもり」で始めたらしい。

副社長の職にあった私は無責任のそしりを免れないが、このときまでまったく知らなかった。

創業以来の混乱を収拾するため、伊藤社長は辞任を決意する。財務経理は担当外とはいえ、管理部門を統括する立場上、私の管理責任も重い。ちょうど六十歳で普通な

ら定年だ。辞意を伝えると伊藤さんが、

「それは困る。君にあとを引き受けてもらいたい」

逡巡したが最終的には、周囲からも推されて社長職に就いた。

消費の飽和時代は心理で動く

世の中はバブル崩壊後の低迷期に突入していた。総合スーパーは成長が鈍化し、ヨーカ堂も店舗数は増えても、単体業績は伸び悩みが続いた。

「ものが売れないのは不景気のせいだ」

誰もがそう考えた。しかし、本当はそうではなく、ものが一通り揃って消費の飽和時代に入り、売り手市場から買い手市場への構造的変化が本格化したと私は思った。

お金がないから買わないのではない。ほしいと思う商品がないから買わない。

実際、世帯の月平均可処分所得は九〇年代も伸び続け、一番高かったのは九六～九七年ごろだ。

デフレも進行した。

「安くしなければ売れない」

誰もがそう言った。しかし、安くても同じものならいらないと考えるのが消費の飽和時代だ。

通常一着三万円以上する上質のスーツを海外で大量生産し、八千二百円の常識破りの価格で売り出したことがある。五日間で十一万着売れ、大ヒットしたが、続けて打った第二弾は不発に終わった。

顧客は初め、「八千二百円の常識破りの価格のスーツ」という「新しい仕掛け」に価値を認めたが、第二弾の同じ企画にはもう価値を認めなかった。

消費税率が五％に引き上げられた九七年（平成九年）の次の年、「消費税分還元セール」を発案した。

営業幹部に提案すると、「普段の売り出しで一〇％、二〇％引きでも必ずしも売れるわけではないのに五％では魅力を感じてもらえないのではないか」と大半が反対意見だ。

ならば、前年の北海道拓殖銀行の破綻以来、消費が冷え込む北海道で試してみよう。するると、これが大反響を呼び、翌週には全店に展開することになり、売り上げ六〇％増の大ヒットになった。

1998年の消費税分還元セール

「不況突破、消費税分還元」のタイトルが消費者心理に響いたのだ。

世界で最も対応が難しい日本の消費者

買い手の心理が消費を左右する時代。その大きな特徴は画一化だ。特定商品に人気が一気に集中する。

「多様化」という言葉の方がマスコミなどでも多くとり上げられており、耳には心地よいが、日々膨大な販売データに接して実感するのは画一化そのものだ。

商品のライフサイクルが短縮化したため一定のスパンでは多様化に見えるが、ある時点で輪切りにすると画一化している。

しかも、売れ方も以前は徐々に売れ始め、やがてピークを迎え、そこからだんだん売れ行きが落ちていく「富士山型」だった。それが九〇年代に入ると、一気に売れてピークに達し、しばらくするとパタッと売れなくなる「茶筒型」へと変わってきた。最近ではさらにピークの期間が短くなり、「ペンシル型」になっている。

日本の消費者は世界で最も対応が難しい顧客になった。それが私の実感だった。

九〇年代後半からヨーカ堂では衣料品部門の業績が下降する。その要因は消費マーケットが変化しているのに、過去の成功体験で対応しようとしたところにあった。

人間は環境が厳しくなり、困難に直面するほど、過去の経験に縛られてしまう。常に意識を変え、行動につなげることは本当に難しい。

業界の常識を変えたチームMD手法

焼きたてパンを独自開発

一九九〇年代に入り、本格的な消費の飽和時代になると、セブン-イレブンで扱う米飯、麺類、パンなどの商品も、よりいっそうの質の追求が不可欠になった。

九〇年代前半、米飯類は毎年二桁の成長を続けたが、パンの方は際立った成果を上げていなかった。原因は明らかだった。顧客は味と鮮度のよいパンを求めるが、そのニーズに対応できていなかった。

セブン-イレブンではそれまで、大手製パンメーカーのナショナルブランド（NB）商品だけを扱っていた。NB商品は全国の限られた拠点の工場から、全国津々浦々のパン販売店まで配送される。

都心も地方もどの店にも均質な商品を届け、顧客がいつでもパンを買えるようにしようとすれば、味や鮮度より食の安全を優先し、日持ちのよさを前提として添加物を入れるなど、品質保持に注力した商品設計になるのは、ある意味当然のことだった。

しかし、それはあくまでも、メーカーの都合を前提とした考え方で、つくり手の論理の域を出ていなかった。

われわれの考え方はまったく逆だった。商品開発をするときの大前提は「初めにお客様ありき」だ。メーカーの製造や物流体制を優先して、商品特性を決めるのではなく、顧客のニーズをすべての出発点にして、そこから物流や製造のあり方を決めていく。パンについても、食の安全が確保されるだけでなく、味や鮮度の面でも優れた焼きたてのパンをいつでも買うことができれば、顧客はそれを望むはずだ。しかし、それを実現するためには、セブン-イレブン独自の販売体制に対応可能な専用工場が必要になるのは明らかだった。

顧客にいつでも焼きたてのおいしいパンを提供できるように、製造工場をできるだけ店舗の近くに配置替えする。販売のピークに合わせてタイムリーに納品できるように、製造から配送まですべてをゼロから組み直していく。

われわれの申し出に対して、製パンメーカーからは提案を拒否する意向が示された。

個人商店から大型スーパーまであらゆる業態に商品を供給しているため、セブン-イレブンだけのために特別な対応はできない。小売店のプライベートブランド（ＰＢ）商品は会社の方針として行わない。協議を重ねても解決に至らなかった。

「ならば、われわれは独自でやります」

私は交渉の場で即決した。

既存の常識では不可能なら、可能になる方法を自分たちで考える。パンについてもオリジナル商品の開発に乗り出すことになった。

最も重視したのは味と鮮度だ。各地の店舗近くに焼成工場を設け、そこに冷凍のパン生地を供給する方法が考えられた。

運がよかったのは、ちょうどそのころ、九州のパンメーカーが独自の技術により、時間が経っても味が落ちない冷凍生地の開発に成功したことだ。また、北海道にはパンの製造・流通プロセスの改革に意欲的なメーカーがいることがわかった。

北海道地区の五店舗でオリジナルパンの販売をスタート。九カ月間にわたるテスト販売の結果、パンの売り上げがそれまでの二・五倍に伸びた。九三年（平成五年）十一月から、「焼きたて直送便」と命名して、北海道地区から展開を開始する。

以降、各地の地元食品メーカーの協力を得て、焼成工場を順次設置。生産プロセスをコーディネートするノウハウを持つ伊藤忠、冷凍食品づくりでは実績のある味の素の協力も得て、二〇〇二年（平成十四年）三月、全国展開を完了する。

「顧客のために」ではなく「顧客の立場で」考える

われわれのグループでは、社員が顧客と向き合うときの意識の持ち方として、「顧客のために」ではなく、「顧客の立場で」考えることを徹底して求める。

「顧客のために」と「顧客の立場で」とでは、一見、同じようでいて意味は大きく異なる。その一つの典型が、焼きたて直送便だ。

日持ちのよさに注力したパンづくりは、既存の製造や流通の仕組みの枠内で、「顧客のために」、「いつでもどこでもパンが買える」ことを実現しようとするものだった。

このとき、つくり手側にあるのは、「顧客はいつでもどこでもパンを買えることを求めている」という一方的な決めつけや思い込みだ。もちろん、味や鮮度についても考えないわけではないだろうが、それよりも、どの店にも安全で均質な商品を届けることを優先するになる。

「顧客のために」といいながら、「売り手の立場で」既存の仕組みの中で最大限の努力をしようとする発想であり、結局は売り手やつくり手の都合から脱却できない。

これに対し、「顧客の立場で」考えたらどうなるだろうか。現状の仕組みでは全国津々浦々どの店でも、食の安全が確保されたパンを買うことができる。しかし、それにとどまらず、味や鮮度の面でも優れた焼きたてのパンをいつでも買うことができれば、顧客は当然それを望むだろう。それが顧客の心理であり、潜在的なニーズであるはずだ。「顧客の立場で」考えれば、むしろ、これまでは味や鮮度が多少落ちることを我慢していた顧客の心理がわかる。

ならば、顧客のニーズに応える仕組みをつくるべきではないか。それには膨大な投資、多大な時間と労力が必要だが、実現すれば顧客は満足し、結果として多くの収益を期待できる。それが「顧客の立場で」考える経営だ。

このとき、流通企業であって製造能力を持たないセブン-イレブンは、多くの企業と力を合わせ、一緒に商品を開発していかなければならない。そこで、セブン-イレブン独自の商品づくりの仕組みであるチームMDの方法が生まれた。

国内外のメーカーや取引先、物流企業などが組織の垣根を越え、企画、生産、加工、販売促進など、各専門分野で最も優れた技術・ノウハウを持つ専門家を結集してチームを組み、情報を共有しながら、高品質なオリジナル商品を開発する。

「顧客の立場で」考え、ニーズがあるときに、ニーズに合った商品を、ニーズがあるだけ提供する。それがチームMDの基本原則だ。

このチームMDは、〇七年以降の原油高や原材料費高による各種消費財の値上げラッシュが続くなかで発売が開始された、グループのPB商品「セブンプレミアム」としても結実し、数々のヒット商品が生まれていく。

PB商品は流通がメーカーとチームを組み、企画から販売まで一貫して行うため、広告宣伝費や販売経費がおさえられる、販売量に応じて生産し無駄が省ける……等々、コストが抑制されるため、より品質の高い商品を手ごろな価格で提供することができる。

われわれのグループでは、セブン-イレブンのチームMDで培った商品開発力を活かしながら、これまでPB生産には消極的だった各業界のトップ級のメーカーともチームを組んでいる。顧客ニーズに対応していくためのPB商品は、これからも流通とメーカーとの協力関係をよりいっそう強いものにしていくだろう。なお、セブンプレミアムについては次章で詳しく述べる。

本格化した「食の質」の追求

チャーハン事件

一九九〇年代後半に入ると、味と質の追求はよりハイレベルな次元へと突入していく。

ある日、セブン-イレブンのすべての店頭から一斉にチャーハンが消えた。命じたのは私だ。

「これはチャーハンとはいえない」

きっかけは、私のひと言だった。

セブン-イレブンでは役員が毎日昼食時に集まり、自社商品を試食する。開発中の試作品が多いが既存商品も適宜取り上げ、もし、NGが出れば、即座に店頭から撤去させ、生産も中止させる。

その日、試食に出されたチャーハンは販売中のものだったが、パラッとした仕上がりとはほど遠かった。

役員が毎日試食する(左から3人目)

「そこそこ売れています」

担当者は自己正当化しようとした。それを鵜呑みにしたら、質の追求など到底不可能であり、役員試食の意味がない。

「売れているからいいのか。自分たちが納得できない味の商品が売れていることにこそ危機感を持つべきだ。セブン‐イレブンのチャーハンはこの程度かと思われては、売れれば売れるほど信用が失われていくんだ」

私は担当者にきつく問うた。マーチャンダイジングにおいては、売れない商品があることも問題だが、同時にレベル以下の商品が売れていることにも大きな問題があると気づかせるためだ。

ベタつく原因は調理の火力不足にあった。中華の専門家を招いて、中華鍋でチャーハンをつくってもらうと、驚くほどおいしい。どこに違いがあるのか。

調理中の専門家の鍋の温度を測ると、百八十度以上の高温だったが、セブン‐イレブンの専用工場の鍋をすべてチェックしてみると、最高で百三十度しか上がっていないことがわかった。

しかも、密封型のドラム缶のような鍋をローリングさせながら炒めるので、ご飯粒が練れてしまい、パラッとした仕上がりにならなかった。私は新しい調理設備を開発するところからやり直しを命じた。

強い火力で米粒の表面の水分を飛ばしながら炒め、密封ではなく鍋の中の蒸気を逃がす方法を新たに考えるなど、担当者はデイリーベンダー（弁当やおにぎり、サンドイッチなどのデイリー商品を共同で開発、製造する取引先）と一緒に一年八カ月かけて新しい調理設備を開発した。

二〇〇〇年（平成十二年）六月、新たに生まれ変わった「本格チャーハン」は、一日一店舗あたり平均三十個を売り上げる大ヒット商品となった。

かつお節も原材料からこだわる

このチャーハン店頭撤去事件を機にセブン-イレブンでは九八年（平成十年）九月から、商品開発を根底から考え直すプロジェクトに着手する。

和洋中の料理の第一人者の指導のもと、商品開発を担当するマーチャンダイザー（MD）とデイリーメーカーの開発担当者が本部に集まり、徹底して味と質を追求した商品の研究開発を行う。「料理家研修プロジェクト」と命名した。

それまでもセブン-イレブンではデイリーメーカーと協力しながら味と品質を追求

し、その中から数多くのヒット商品が生まれてきた。

その一方で、「われわれの持っている力だけでは、もうこれ以上突き抜けることはできないのではないか」と自分たちで思い込んでしまう限界意識も生まれ始めていた。それが、本物のチャーハンとはほど遠い商品でも、「そこそこ売れている」からいいのではないかという自己正当化を生んでいた。

そこで、食のあるべき姿に触れ、「これ以上は無理だ」という思い込みや限界意識を払拭する。それが料理家研修プロジェクトの目的だった。

だしをとるかつお節も原材料から見直す。カツオは刺身やたたきにして食べるには脂が乗った方がおいしいが、かつお節には逆に脂肪分が少なめの方が向いている。漁獲する海域を赤道近辺に指定して、成魚になってまもない中ぶりのカツオだけを厳選する。

そして、本場鹿児島の枕崎で最低三カ月かけ、手間はかかっても味が抜群によい本枯れ節をつくる。チームを組んだかつお節製造業者から、「コンビニエンスストアがここまでやるのか」と驚かれた。

かつお節づくりの研究はさらに続いた。カツオは漁場から冷凍にして運び、枕崎で解凍する際、どうしてもドリップ（解凍時に浸出する液）が出てしまう。その分、うま味が若干抜ける。これをどうにかできないか。

そこで考えついたのが、獲ったカツオを冷凍せず、漁場から近い地域でフレッシュな状態から荒節までつくる方法だ。そのための技術指導を徹底して行う。この荒節を枕崎に持ってきて、一本一本、表面を削って形を整えて裸節をつくり、カビづけを何回も行ってうま味と香りを増した本枯れ節に仕上げる。

かつては日本でも生のカツオを使って、本枯れ節をつくっていたのだろう。それがかつお節のあるべき姿なら、可能な限り実現する。

このかつお節を風味が落ちないよう、消費地近くで削り、味覚の地域性に合わせて調味したそばつゆは、つゆだけを分けてくれと請われるほど好評を博している。

市販品を超える安全安心の徹底

コンビニの弁当にはネガティブな印象を持つ人もいる。だからこそ「家庭で食べるもの以上に安全安心でなければいけない」と私は言い続けた。

弁当工場で保存料や合成着色料を使わないだけでは不完全だ。醤油などの調味料や、ハム、漬け物などの原材料のメーカーにも一般には使われている保存料などは使わず、専用につくってもらう。共同で商品開発するデイリーメーカーの専用工場で生産するので、他の製品との交差汚染も起きない。専用工場率は九割を超え、同業他社とは圧倒的な差がある。

〇一年(平成十三年)からは、米飯類、サンドイッチ、惣菜、調理麺など、すべてのデイリー商品から保存料、合成着色料の完全排除を実現。業界初の画期的な試みに各方面から注目を浴びた。

保存料や合成着色料だけではない。ハムやソーセージなどの加工食品には食感などをよくする添加物として、リン酸塩が多く含まれる。リン酸塩は、過剰摂取するとカルシウムの吸収を妨げ、骨粗しょう症の原因になるとも言われている。セブン-イレブンのサンドイッチには、リン酸塩を添加したハム類を一切使用しないよう、素材メーカーに協力を求めた。

また、焼きたて直送便にはマーガリンを使用する種類もある。マーガリンを製造する過程で生成されるトランス脂肪酸は、冠動脈疾患のリスクを高めると言われる血中の悪玉コレステロールを上昇させ、善玉コレステロールを低下させると言われる。欧米の一部の国でもその含有量が制限されている。

そこで、セブン-イレブンでは、原材料メーカーとの独自の取り組みにより、ワンサービング（一口の量＝約五十五グラム）あたり平均〇・六グラムあったトランス脂肪酸量を平均〇・二グラムまで低減した。

野菜についても、〇八年（平成二〇年）からヨーカ堂では、千葉県富里市に地元農家や農協などによって設立された農業生産法人へ資本参加し、野菜の栽培から手がけて消費者の食の安全安心志向に応える取り組みを開始した。店舗で廃棄になった食品や野菜くずなどを肥料に加工して使い、栽培した野菜を店舗で売る。

この事業を順次拡大していけば、グループ内で食の資源をできるだけ無駄なくリサイクルする資源ループが構築できる。それは食を扱う事業者としての社会的な責任だ。

割り箸も環境破壊の一因と言われる。これまで割り箸の材料はシラカバやマツ、ポプラが主流で、生長に三十～七十年と長い年月がかかるうえ、一度伐採してしまうと植樹をしなければならないことに大きな原因があった。

一方、タケの場合、三～四年と短期間で生長し、伐採後も根が残るため、植樹の必要がない。しかも、よい竹林を保つには定期的な伐採が求められる。そこで、セブン‐イレブンでは、環境負荷の少ないタケの箸への切り替えを進めている。原料の竹の殺菌にはワインなどのアルコール飲料の抗菌、酸化防止に使用される食品添加物と同じものをより厳しい基準を設けて使っている。

安全安心は見た目だけではわかりにくい。だからこそ、手を抜かず、絶えずより高いレベルを追求する。目に見えないところにこそ一番大切な本質があると考えなければならない。

役員試食で何度でもNGを出す

ところで、新商品を開発する場合、最後の関門は役員試食にある。冷やし中華のリニューアル版を開発したときのことだ。試食で試作を食べると、麺の出来がよくなかった。

私は以前食べて、非常に記憶に残った冷やし中華の元祖と言われる有名店の麺を上回るよう指示した。しかし、試作を重ねてもどうしてもゴーサインが出せない。

担当者は昼の役員試食だけでなく、試作ができると私の部屋に何度も直接持ってくるほど、懸命に取り組んだが、麺の質は今ひとつだ。

それがある日、格段に向上している。担当者は一枚のグラフを差し出した。縦軸に硬さ、横軸に弾力をとって麺のコシを数値化し、モデル店の麺、前回と今回の麺をそれぞれプロットし、いかに目標に近づいたかを示していた。連敗中は感覚頼りの開発だったが数値化により目標を明確化し壁を突破した。以降、ほかの商品についても、人間の五感と数値データを併用する方法が定着し、多くのヒット商品の開発へと結びついていく。

あとで聞くとOKを出したのは十二回目の試作で、十一回連続NGを出していた。妥協するのは簡単だが、妥協したときにすべてが終わる。

教育とは答えを教えることではなく、部下に気づきを与えることだ。部下が自己正当化を始めたら、本人の中で限界意識が芽生えている表れだ。限界を突破できれば、自信がつく。これを繰り返しながら、成長していく。

あえて部下を追い詰めて今の方法では駄目だと気づかせ、殻を破らせるのが上司の役目だ。上司が「仕方がない」と思ったときから、組織の停滞は始まる。

どんなにおいしい食品も続けて食べれば飽きる。重要なのは差別化で、去年と同じなら必ず飽きられる。この意識を忘れずに質の追求は永遠に続く。

新銀行設立構想

コンビニ店舗にATM設置

「日債銀の買収にヨーカ堂も参加しませんか」

ソフトバンクの孫正義社長から一本の電話が入った。孫さんは起業したころから私の講演を聴きに来てくれたりして、以来、仕事以外でもゴルフなどをときどきご一緒する長いつき合いだ。

電話は国有化されていた日本債券信用銀行（現あおぞら銀行）をソフトバンク、オリックス、東京海上火災保険（当時）が共同で買収するので一緒に出資しないかとの誘いだった。一九九九年（平成十一年）十一月のことだ。

当時、私はセブン-イレブン店舗へＡＴＭ（現金自動預払機）を設置するため、銀行各社とＡＴＭ共同運営会社をつくる構想を進めるか、それとも、既存銀行を買収して主体的に銀行ビジネスにかかわっていくか、決断を迫られていた。

ＡＴＭを設置する着想のきっかけは、八七年（昭和六十二年）にセブン-イレブンが始めた公共料金などの収納代行サービスが、利便性のよさから取扱額がどんどん伸びていたことにあった。

九九年当時で受付件数は約八千八百万件、取扱金額は約六千四百億円に達していた(二〇一三年は約四億三百万件、約四兆四百億円＝二〇〇一年からはインターネット代金収納サービスも含む)。

銀行で支払うには営業時間内に行かなければならないが、コンビニなら家に近い店舗へ都合のいい時間に下駄履き感覚で行ける。ATMがあれば、店舗の利便性は格段に高まる。

最初はATM共同運営会社構想を検討し、九九年春から創業メンバーで当時副会長の職にあった鎌田誠晧君を中心に、都銀四行と一緒に準備を進めた。

この構想は顧客からいただく手数料やATMの設置地域をめぐって、次第に難しい問題に直面する。共同出資で新会社を設立するにしても、セブン-イレブンの店舗が設置場所である以上、手数料の設定は自社として判断を行いたいという思いが強かった。一方、銀行サイドも自分たちで判断したいという意向だ。

設置地域も、われわれとしてはチェーンを展開する以上、全店舗に均一の利便性を提供していくことが前提となる。それは銀行側の設置選択と必ずしも一致するとは限らない。

それでも参加メンバーたちは、「理を尽くして説得すれば突破口が開ける」と前向きに取り組んだ。そんなとき、所轄の金融監督庁（現金融庁）から、「現行の銀行法では預金の取扱は免許を得ている銀行にしかできない」という判断が示された。

この判断にしたがえば、われわれはATMを設置する場所の〝大家〟でしかなくなる。準備開始半年後の九九年（平成十一年）九月、「ATM共同運営会社準備委員会発足」を公表したが、難しい舵取りが求められることになるかもしれないと予感した。

一時は日債銀買収へ傾く

実はこの間、別の動きも進めていた。破綻した地方銀行の管財人から買収を持ちかけられたのがきっかけで、既存銀行の買収案も並行して探っていた。

その地方銀行を買収する案件は、本支店三十一店舗、従業員約六百人をすべて抱えてほしいとの要望だったため辞退したが、既存銀行の買収案は検討の余地がある。私は野村証券出身で、当時ヨーカ堂の財務担当常務に就いていた宮内章君に、買収可能な銀行があるかどうか、探るよう動いてもらった。

日本経済新聞　1999年（平成11年）11月12日（金曜日）　（日刊）

日本経済新聞

ヨーカ堂 銀行業参入へ

日債銀買収名乗り

ソフトバンクなど3社と

ネット決済展開

新規免許取得も選択肢

鈴木敏文社長

三井物産

ネット専業銀に出資

電子商取引の決済に活用

パート・アルバイト

半年で45万人

8月調査

銀行参入構想を報じる日経新聞

すると日債銀の子会社、日債銀信託銀行が候補に挙がった。資本金五十億円、店舗は一カ所で従業員十二人。買収コストは大型スーパー一店分に相当するという。「ならば動いてみるか」。そんなことを考えていたさなかに孫さんから、「日債銀の買収にヨーカ堂も参加しませんか」と電話がかかってきた。

「日債銀に出資する気はないが、日債銀信託ならほしい」

私がそう答えると、孫さんはこんな提案をしてきた。

「ならば、買収後に分離してはどうでしょうか」

この提案を聞いて、日債銀の買収参画に傾いたとき、日経新聞が十一月十二日付け紙面でこの一件をスクープする。一面トップに、「ヨーカ堂　銀行参入へ／日債銀買収名乗り　ソフトバンクなど3社と」の見出しが躍った。

ATM共同運営会社構想を進めていた鎌田君が血相を変えて駆け込んできた。

しかし、共同運営方式では店内のATMは各銀行の出張所扱いになり、利用手数料や設置箇所の判断などで自分たちの主体性をとれない。百年の計を考えれば白紙に戻す決断しかなかった。

そのすぐあと、事態はさらに急転し、日債銀買収の方も子会社の日債銀信託を切り離すには五年もかかることが判明する。本来の目的が達成できないなら、共同出資から離脱するしかない。残る選択肢は一つ。独自の銀行免許取得を決断した。

決済専門銀行構想に否定論の嵐

九九年十一月二十九日、イトーヨーカ堂グループ（ＩＹグループ）として「銀行設立趣意書」を金融監督庁（現金融庁）に提出した。利用者が店内のＡＴＭを使い、口座を持つさまざまな金融機関から引き出す際の手数料を収益の柱に据え、基本的に融資などは行わない決済専門銀行の構想だ。簡単に言えば、おサイフがわりの銀行だ。

既存の銀行がタクシーとかハイヤーだったら、自分たちは今までにない乗り合いバスのような銀行をつくろう。そんな話し合いをしたのを覚えている。

翌二〇〇〇年（平成十二年）一月、流通業が自前の銀行をつくる前代未聞のプロジェクトがスタートする。沸き上がったのは金融業界を中心に否定論の嵐だった。

「銀行が次々経営破綻しているなかで新規参入しても絶対無理だ」

「銀行のＡＴＭも飽和状態にあるのに収益源がＡＴＭだけで成り立つはずがない」

「素人が銀行を始めても必ず失敗する」……等々。

容赦ない声が浴びせられた。中には「賭けにもならない。万一成功したら銀座を逆立ちで歩く」といった揶揄まで聞こえた。

実際、設立準備は難航に難航をきわめた。何しろ金融はまったくの素人だ。ある日、セブン-イレブンの財務担当常務でプロジェクトの中心で対外折衝を担った氏家忠彦君が、四面楚歌の交渉に疲れ果てたのか暗い表情でやってきた。

沈んだ様子に私はこう声をかけた。

「失敗してもいいじゃないか。失敗も勉強のうちだよ」

確かなニーズがある以上、挑戦する価値はある。ただ、私も絶対の自信があるわけではない。仮に失敗してもこの範囲内なら決定的なダメージは受けないという線引きの決断を行い、あとは思い切りやらせる。責任はトップがとればいい。これが私のやり方だ。

この日を境に氏家君も吹っ切れたように頑張りを見せ、プロジェクトは次第に軌道に乗る。

セブン銀行発足

安斎さんを口説き社長に

新設する銀行のトップには誰がふさわしいか。

設立プロジェクトが進むなか、元日本銀行理事で、一時国有化された旧日本長期信用銀行（現新生銀行）の頭取として幕引き役を務めた安斎隆さんを紹介された。

「あなたに決めました。何が何でも引き受けてもらわないと困ります」

会って話すうちにこの人なら大丈夫と直感し、その場で強引に返答を求めた。

「幕引き役から、今度は産婆役ですな」

会津弁が残るざっくばらんな語り口に飾らない人柄が表れていた。

「顧客だけをしっかり見てください。ほかは見なくて結構です」

私が安斎さんにお願いしたのはそれだけだ。新銀行の原点である顧客のニーズから目を離さなければ、経営は揺るがない。

混成部隊内の常識のズレ

こうして組織の顔が決まり、メンバーの奮闘も積み上がって、難航したプロジェクトも次第に変化が現れる。

発足したプロジェクトチームはＩＹグループの素人集団と、ＡＴＭ共同運営会社構想を一緒に進めた都銀をはじめとする銀行六行（旧さくら、旧あさひ、旧三和、旧東京三菱、横浜、静岡の各行）から派遣された支援部隊からなる異種混合の連合体だった。

支援部隊とはいえ、流通業が自前の銀行をつくることに肯定的ではなかった金融業界の人々だ。当初は素人集団との間で常識のズレがあった。

新銀行が成り立つためには徹底した低コスト運営が不可欠だ。従来は一台八百万円を超えたＡＴＭを二百万円程度で開発する。少人数態勢で一年目から都銀一行分の半数以上にあたる台数を設置運営する。北海道全域に三百台近くを一斉稼働させる……等々。

ＩＹグループでは常識破りの低コストやＰＯＳの全国一斉導入などを当然のようにこなしてきたため、素人集団は困難であっても挑戦すべきだと考えた。それが支援部隊の金融の専門家の目には常識外に映る。

一般的に人間は困難に直面すると、自分の過去の経験に基づいて判断する。支援部隊も真剣に考えれば考えるほど「無理だ」と思い、議論すればするほど「困難だ」と考えた。バックグラウンドがまったく違うため、無理もない話だった。

そこで、IY側メンバーは新銀行設立の原点を体感してもらおうと、「この際、ヨーカ堂やセブン-イレブンに奥さんと出かけてみてください」「顧客になってみてください」と声をかけ続けた。

率先して動いてくれたのは安斎さん自身だった。自分ではほとんど買いものに行かない人がヨーカ堂で自ら買い求めた八千二百円のスーツで役員会に出てくる。

「安斎さんが着ると高級スーツと変わらないね」

そう冷やかすと「ワハハ」と屈託ない。

「生まれたばかりの会社はトップから第一線までカルチャーを共有することが大切だ」と言って社用車など使わず、電車で通勤していた安斎さんは帰宅途中にセブン-イレブンに寄り、おでんを買って帰って、そのうまさに驚いていた。支援部隊の面々もお店に足を運び、何のために銀行を設立するのか理解しようと努めてくれた。

混成部隊による銀行設立プロセスは、免許取得を進めながら、同時にIY側の素人部隊のメンバーが銀行側の支援部隊のメンバーに、「スーパーやコンビニとはこういうものだ」「お客様とはこういう存在だ」と理解してもらうプロセスでもあった。

部隊の融合が進むにつれ、法規制など基本部分では専門家の知識を活かし、その上で既存の壁を打ち破るスタイルが定着していった。

こうして混成部隊は監督官庁との折衝、提携金融機関の確保など課題を次々と克服する。

プロジェクト発足から一年三ヵ月後の二〇〇一年（平成十三年）四月、銀行免許の予備審査終了証を受領し、アイワイバンク銀行（その後、セブン銀行へ名称変更）を設立。五月七日、開業にこぎ着けた。

支援部隊の面々の多くは新銀行発足後、転籍して経営の中枢を担ってくれた。

爆発点理論

その後の展開も劇的なものがあった。最初のうち、業績は伸び悩んだ。一年目、二年目と赤字が続いた。準備過程で、さんざん否定論を浴びせられただけに、現場では「やはり難しいのだろうか」と不安感も漂ったようだ。

ただ、私自身は横から見ていて、ATMの利用件数が増加傾向にあったため、いい

アイワイバンク銀行のATMテープカット（右端）

方向に進んでいると感じていた。

ものごとには必ず、ある一定のレベルに達すると急速に需要や人気が高まる爆発点がある。セブン-イレブンの店舗も新しい地域に出店したばかりのころは、一店舗あたりの平均日販はあまり伸びないが、その地域での出店数が一定レベルまで増えると顧客の認知度が急に高まり、日販のカーブが急速に立ち上がる。

同じようにセブン銀行も、ＡＴＭの設置台数が一定レベルに達したころから利用件数が急速に立ち上がり、採算ラインを突破する。ネット銀行など新設四銀行の中で唯一、金融庁が課した「三年以内の黒字化」を達成することができた。

強いニーズがある以上、きっと成り立つ。それは一つの信念だった。

セブン銀行は、現在、提携金融機関は約六百社を数え、ＡＴＭ設置箇所もセブン-イレブンの店舗だけでなく、各種商業施設や公共施設にも広まり、人々の生活を支えるインフラのひとつになっている。

みんながいいと言うことは単純競争に陥り、たいてい失敗し、みんなに反対されることはなぜか成功する。

私は常に「顧客の立場で」考え、判断してきた。だから決定的な失敗をせずにここまでこられたのではないだろうか。

不可能を可能にした中国進出

中国で最も成功した外資

「流通の近代化のためにセブン‐イレブンに出店してもらいたい」

中国政府から伊藤忠商事を介して要請があったのは、一九九〇年代半ばのことだった。

欧米から一社、アジア地区から一社という枠の中で、日本のセブン‐イレブンが選ばれたのは、マーケットの変化に合わせ、常にイノベーションを実行してきたことや、先進的なチェーンストア経営を実現してきたことが評価されたものと思われる。

だが、出店を要請された首都北京はコンビニエンスストアのチェーンを展開するには、物流などのインフラがあまりにも未整備だった。そこでまず、店舗内である程度の機能が持てる総合スーパーのイトーヨーカ堂が先行した。

四川省成都に九七年十一月に開店。続いて九八年四月、北京へ進出した。

中国展開の責任者として赴任したのは塙昭彦君と麦倉弘君のコンビだ。それぞれ、中国企業との合弁企業の董事長(会長)や総経理(社長)に就任した。

経営において、特に力を入れたのは中国人店長の起用、幹部社員育成など、中国に進出した外資系では前例のないほど、現地化を進めたことだ。

北京一号店の十里堡店と二〇〇一年十二月にオープンした二号店の亜運村店では日本人は店長一人、〇三年十二月オープンの三号店、豊台北路店では店長以下すべてが中国人スタッフの手に委ねられた。

中国人による、中国人のための店をつくる。それが中国進出当初からの大きな課題だった。業績も好調で「最も成功した外資」と評価された。

しかし、初めは中国の壁にぶつかっては打ち破る、その繰り返しだった。

日本流の頭を下げる接客

最も苦労したのは取引先の開拓だ。現地ではまったく無名だ。北京開業を前に開いた取引先説明会に参加したのは、案内状を送った六百社のうち四分の一の百五十社で、その半分は日系企業だった。

直接訪ねても門前払いは数知れず、居留守を使われることも多い。担当者に会えても、取り引きしたいなら先に現金を持ってこいと言われる。

一号店予定地の十里堡は北京の中心部から外れた繊維工場の跡地で、低所得者層や失業者の多い地域と考えられていたため、十里堡の地名を言っただけで、断る企業もあった。

塙、麦倉のコンビを選んだのは、どちらも逆境に強いタイプだからだ。両君以下、現地に赴任した面々は、困難であるほど乗り越える意欲を燃やした。

接客サービスでは文化の壁が立ちはだかった。中国では小さいころから、「安易に他人に頭を下げてはいけない」と教えられる。しかも、長く配給制が続いたため、買った側が礼を言っても、売った側が頭を下げるなど想定外だ。

「いらっしゃいませ」と言って頭を下げることから教えようにも、「なぜ、頭を下げるのか」と反発される。

しかし、「常にお客様の立場に立って考え、行動する」という根本原則は、日本も中国も同じだ。それには、接客の基本から理解してもらわなければならない。

日本人スタッフは中国人社員たちが納得できるまで討論し、とことん話し合った。接客サービスのスキルについても、粘り強く、そして、厳格に指導した。地道な努力は開店後に大きく実を結んでいく。

十里堡店の成功はその典型だろう。ヨーカ堂が出店したことでマンション相場は二倍以上に上昇し、住民の所得水準も上がって、地域のイメージも一変させた。

北京独自の弁当を開発

ヨーカ堂の中国進出に続いて、〇二年から中国政府認可の初の外資系コンビニとしてセブン-イレブンの出店準備が現地で始まる。開店にこぎ着けるまで、やはり、「北京の常識」にぶつかっては壁を破る繰り返しだった。

最初は物流だ。中国では問屋機能が未発達でメーカーが直接納品する。人件費が安く紙コップ一つでも注文すれば持ってくる。アメリカ系の有名飲料メーカーでさえ、「うちは数百台の自転車部隊でいつでもリアルタイムで運べる」と豪語した。店舗への納品車両が一日七十台にも上った日本の創業時と同じ事態が予想された。

合併企業へ日本から赴任したスタッフたちはかつて私がそうしたように、各メーカーに他社製品も混載する共同配送を提案した。しかし、「北京では無理だ」と否定論ばかりだ。

ある牛乳メーカーからは冷蔵の物流をすべて請け負うと約束を得たのに、土壇場で

「なぜ他人の商品を運ぶのか」「それでうちの商品が多く売れるのか」とひっくり返された。

それでも現地のスタッフたちは、「北京であろうと、自分たちの考え方をしっかり持って説得していけば実現できる」と、粘り強く説得を重ね、最終的には日本並みの一日十台の体制を実現する。

もう一つの大きな問題は、肝心の品揃えだった。北京では百貨店もスーパーも地元コンビニも、同じ商品を同じ値段で売っていた。日本では仕入れ規模によって原価が違ってくるが、北京ではすべて同じだ。

しかも、原価が高いため粗利が小さい。大手メーカーに原価の引き下げを求めると、「儲けたければ売価を上げろ」と逆に切り返される始末だった。

利益を確保するため、ファストフードでの差別化に期待がかかった。主力の弁当類はどうするか。ここでまた、〝食の壁〟に突き当たった。

現地のマーケティングで、中国では冷たい弁当より温かい食事が好まれることがわかった。そのため現地スタッフは店内調理でつくりたての温かい弁当を提供したいという。

店内での人の手による調理は店舗ごとに差が出る可能性があり、どこでも同じ質を提供するチェーンオペレーションの意味がなくなるため、国内では行っていなかった。
一方、北京には安くておいしい店がいくらでもある。中食市場そのものが育っていない状況で、中華料理という圧倒的力量を誇る北京の食文化にいかに対応するか。何種類もの大皿料理を取り分けるように、好きなおかずのメニューを複数選べて、安全かつ衛生的で、温かく出来たて感のある弁当ならニーズは必ずあると彼らは強く訴える。小売業はドメスティック（地元密着）なものだ。

「やってみなければわからないだろう」

私は挑戦を認めた。

日本のセブン-イレブンでは、あらかじめカットされた食材と調味料をセットにして宅配するミールサービス事業を行っていた。このノウハウを活かし、工場のセントラルキッチンで材料をあらかじめカットし、調味料も用意し、店舗では厨房で加熱調理だけをすれば、どの店でも同じ味が出せる仕組みを一年半かけて立ち上げた。

しかも、毎週二回、新メニューに入れ替えるようにした。中国はまだ売り手市場で日本より商品のライフサイクルが長い。しかし、顧客の来店頻度が高まれば、必ず新しいものを求める。大変でも常に新メニューに挑戦すべきだと考えた。それが、「顧客の立場で」考えるやり方だった。

トップと社員が互いにひと言で了解

開店の前の週、合弁会社の設立記念式典のため北京にいた私は、ふと準備中の店を訪ねた。商品が並ぶ店内を説明されながら一時間ほどかけて回った。

何かが違う。翌朝どうしても気になり、電話をした。

「君たち、わかっているな」

「ハイわかっています。やり変えます」

話はそれだけだった。その日、彼らは徹夜で店内のレイアウトをすべて変えた。

何がどう違ったのか。当初、初出店なのでどんな陳列がよいかわからなかった。そこで、とりあえず日本の標準に近い形にしておこうという保守的心理が働き、無意識に売り手側の都合で考えてしまった。

人間苦しくなると過去の経験に頼ってしまう。北京での準備期間中、現地の既存の常識の壁を破り続けた挑戦者でもそうなる。それほど、人間は過去の経験に縛られやすい。

だから、常に「顧客の立場で」考え、過去の経験を否定し続けなければならない。

今の自分は売り手側の都合で考えていないか、もう一人の自分から問い直さなければならない。

この「もう一人の自分から自分を見る」という視点は困難に直面したときほど必要になってくる。

後日、北京から送られてきた店内の写真は、入ってすぐ目に入る棚に清涼飲料やカップ麺を並べるなど、北京の人々にセブン-イレブンがどんな店か一目でわかるように陳列に表情を持たせ、棚の間を回遊しながら楽しめる形に工夫されていた。

トップと社員がひと言で了解する。それが可能なのは企業のDNAを共有しているからで、私がダイレクト・コミュニケーションを重視する理由もここにある。

文化の壁を越えて価値観を移植

このDNAを中国にも移植する。発注もGOT(グラフィックオーダーターミナル)と呼ばれる最先端の携帯端末はあえて使わず、手でフェイスアップ（商品が売れたら棚の奥の商品を前出しすること）をしながら、商品の動きを手書きでチェックさせることから始めるようにした。

李嵐清国務院副総理（右）と会談

毎回、フェイスアップで手に触れる商品はよく売れた商品であり、触れない商品はあまり売れないことを意味する。商品には売れ筋と死に筋がある。だから、常に明日の売れ筋は何か仮説を立てて発注する。同時に死に筋は排除していく。

最新の情報システムを導入することもできたが、その前に単品管理の基本を体で覚えるようにした。そうしないと、手段である情報端末を使うことが目的化してしまう。

端末には明日の気象情報など、仮説を立てるためのさまざまな先行情報が表示される。端末を使うことが目的化すると、例えば、明日が晴れだったらAの商品、雨だったらBの商品といった具合に、機械的な商品発注に陥りがちだ。

仮説は自分が立てるものであり、気象情報はあくまでも参考情報にすぎない。自分で仮説を立てることの大切さを最初から徹底するため、あえて手書きから始めた。

この考え方は、日本のヨーカ堂やアメリカのセブン-イレブンへのPOSの導入のときと基本的に同じだ。小売業のあり方はそれぞれドメスティックであっても、マネジメントの本質は根源的には共通するように思う。

二〇〇四年四月、二年の準備期間を経て、開業した北京セブン-イレブンの一号店は初日から大盛況で、入場制限が三日続いた。

「歓迎光臨（ホワンイングワンリン）」

北京のセブン-イレブンに入ると一斉に声がかかる。お金の授受も両手だ。接客のよさは群を抜く。

現在百六十六店舗。価格は現地資本の店と比べてけっして安くないが、おでんや弁当、おにぎりが女性客に好評だ。特におでんはセブン-イレブンが北京にオープンするまでは、ほとんど知られていなかったが、大ヒット商品になった。

スープはチキンブイヨンをベースにカツオだしも隠し味に入れた北京オリジナルだ。季節にさほど左右されず、夏でも一店舗あたり一日一千個以上売れる。レジ横にはおでんの什器が何台も設置されているので、店内は屋台のような光景だ。

十二種類のおかずから自由に組み合わせられる弁当も評判がいい。

二〇一二年からはフランチャイズ方式も始まった。現在、北京のほか、天津で五十七店、成都で七十三店を展開する（二〇一四年十月現在）。

ヨーカ堂は北京七店、成都六店。中国初の本格食品スーパーも北京に開店している。中国の消費市場は今後ますます拡大の一途をたどる。日本企業の中国進出はこれまで製造業が主流だったが、これからは日本の流通業としてどんな海外展開ができるか、可能性は限りなくあり、本当の実力が問われる。

銀行への公的資金注入を進言

財界活動で率直に発言

消費者と直接接する流通業では、日々のミクロの出来事の奥に本質的な変化を探り、マクロの潮流をとらえていく。それが世の一般論とは見方が異なることもたびたびある。特に痛感したのは財界活動を始めてからだ。

一九九七年（平成九年）五月、経団連の豊田章一郎会長（当時トヨタ自動車会長）の推薦で副会長に就任した。合同記者会見で景気動向を聞かれ、私は「相当厳しい」と答えた。

ところが、他の副会長は揃って「年後半にはよくなる」と言う。

「場違いなところに来てしまったかな」

われながら考え込んだ。副会長は通常さまざまな情報を分析し、周到な準備をして会議に臨むようだが、私は消費の第一線で自分が見聞きし、感じたことを発言すればいいと開き直った。

その年は後半になると、景気はいっそう厳しさを増した。北海道拓殖銀行が経営破綻し、続いて山一証券が自主廃業したのは十一月のことだった。

世間一般的な見方は鵜呑みにしない。当時も「日本のファンダメンタルズは強い」とマスコミで報じられ、経団連でも常套句になっていたが、私には実感がなかった。

政策スタッフはマクロの勉強から入る。その勉強とは既存の研究結果をなぞる作業にすぎないことが多い。誰かオピニオンリーダーが「ファンダメンタルズは強い」と言うとそれが広まり、固定概念や常套句になっていく。

そのファンダメンタルズとは何か。どこが強いのか。問題提起をし、個々の指標を洗い直してみると違う姿が見えてくる。豊田さんからは「君は現場の視点からどんどん発言してくれ」と後押しされた。

金融への不安心理を直視

翌九八年（平成十年）八月、小渕政権下で経済再生戦略を答申する経済戦略会議の委員に就任する。樋口廣太郎議長（当時アサヒビール名誉会長）ほか、企業経営者と経済学者の九名の委員で構成された。

各委員の現状認識がバラバラのまま議論を進めると、玉虫色の結論が出て、実現されずじまいになってしまう可能性がある。第一回目の顔合わせの際、私は「ここにいる委員は現状認識を一致させなければならない」と、意識の共有を訴えた。

このとき、同じ委員の奥田碩さん（当時トヨタ自動車社長）が、「やるべきことは本屋に行けば、本に書いてある。あとはやるかどうかだ」と言い切られたのを覚えている。

当時は金融機関の破綻が相次ぎ、銀行の貸し渋りや貸しはがしが問題化していた。一刻も早い金融システムの安定化が必要だが、マスコミを中心に銀行の経営責任ばかりが追及され、先に進まない。

私は奥田さんを東京ドームに近い東京本社に訪ねた。緊急に金融システム正常化に向けて提言すべきだと申し入れ、賛同を得ると即、議長の樋口さんに電話で了解をとった。

十月十四日、経済戦略会議は銀行への公的資金投入を求める「短期経済政策への緊急提言」を発表する。

この提言が実を結び、翌九九年（平成十一年）三月、大手行に対して優先株約六兆千六百億円、劣後債・劣後ローン一兆三千億円の計七兆四千六百億円の資本注入

経済戦略会議の初会合

が実現された。

経営責任も重要だが、不安心理が消費の足を引っ張っている現実を直視すべきだった。

小渕さんからは何度か拙宅にも電話をいただいた。有名なブッチホンだ。

「オブチさんという方からですよ」

家内はまさか現役の総理大臣とは思わなかったようだ。

小泉純一郎元首相とは「総理を囲む会」で奥田さん、御手洗冨士夫さん（当時キヤノン社長）らと一緒に意見交換した。ざっくばらんな人柄でこちらも裃《かみしも》脱いで進言するとすぐ動く。レスポンスの速さは抜群だ。

その後、日本経団連の会長職を務めた御手洗さんとは中央大学のOB同士で親しく、考え方も共通点が多い。典型がコーポレートガバナンスだ。

社外取締役がボードの過半を占めるアメリカ型企業統治を御手洗さんはキヤノンUSAで社長を務め、私はアメリカでセブン-イレブンの再建にかかわってそのメリット、デメリットを肌で実感した。必ずしも日本の実情には合ったものではないように思う。

社会環境や組織風土、国民性の違いを無視してアメリカの手法を形だけ、一部分だけ真似すると、かえって経営を歪める危険性がある。鵜呑み、もの真似の経営をトップはすべきではない。

セブン&アイ・ホールディングス発足

持株会社化を五カ月で実現

「グループの持株会社化を実行する。スケジュールを立ててほしい」

二〇〇五年（平成十七年）の仕事始めの一月四日、私の突然の決断に周囲は相当慌てたようだ。

親会社のイトーヨーカ堂より子会社のセブン-イレブン・ジャパンの方が時価総額が大きい資本のねじれを解消するため、持株会社を設立し、傘下に各社が入る形に再編成する。年の初めに意を決した。

「株式交換比率をはじめクリアすべき問題が多く、九月に臨時株主総会を開くのが精一杯です」

とスタッフは言う。だが、挑戦すればもっと早くできるはずだ。私は「五月の定例総会までに」と厳命した。

ヨーカ堂は九〇年代以降、売上高、利益ともに伸び悩んだ。消費が完全に飽和するなかで、過去の経験から脱却しきれず、十分に対応できないところがあった。

それでも配当によって連結決算では経営的に成り立ち、過大評価されてしまう。一度裸になって現実を自覚する。持株会社化はヨーカ堂再生の意味合いも大きかった。

九月一日、セブン&アイ・ホールディングスが発足する。セブンはコンビニ、スーパー、レストランなど七つの領域を、アイはイノベーション（革新）の頭文字と「愛」を表したものだ。各事業会社は事業に専念できるよう完全子会社化した。

ミレニアム買収の呼び水に

この再編成がその後の思わぬ展開の呼び水となる。

十一月に入り、破綻したそごうを立て直したミレニアムリテイリング社長（当時）の和田繁明さんが、われわれの持株会社化を評価してくれているとの話が伝わった。和田さんとは以前、西武百貨店再建のため社長に返り咲いた際、講演を頼まれて以来のつき合いだ。百貨店の再建手腕で右に出る者はいない。

ミレニアムは野村証券系投資会社が株式の六五%を保有し、上場を計画していた。

ただ和田さんは安定株主を、できれば同じ流通業界に求めていた。

「ならばうちに来ませんか」

お会いして話は自然にまとまった。

十一月半ばから、情報が外に漏れて障害が入らないよう準備は極秘に進めた。和田さんとお会いして条件面を詰めるのも、互いの会社ではなく、都内のホテルを使った。社内でもこの案件は限られた何人かにしか知らせていなかった。

それが発表直前の十二月二十五日の日曜夕方、NHKにスクープされる。速報が流れたのには驚いた。「流通の歴史的再編」とのことだった。

翌〇六年（平成十八年）六月、ミレニアムを完全子会社化し経営統合が完了する。続いて九月には食品スーパー、ヨークベニマルを子会社化した。七三年の業務提携以来、密接な関係を築いてきたが経営基盤をより強固にするため、大高善興社長が決断してくれた。

消費の階層分化が明確なアメリカなどと異なり、日本では一人の顧客が必要に応じて百貨店、専門店、スーパー、コンビニなどを使い分ける。世界で最も対応が難しい日本の顧客ニーズに応えるには、流通の各業態がコングロマリット（複合企業体）的に結びつき、情報を共有し、グループとしてのシナジーを出していく必要がある。持

セブン&アイ・ホールディングス設立の記者会見（左から3人目）

株会社化したもう一つの理由だ。

アメリカのセブン-イレブン(セブン-イレブン・インク)も完全子会社化し、同社とエリアフランチャイズ契約を結んだ各国・地域のセブン-イレブンを含めると、全世界に店舗ネットワークを持つ巨大流通グループとなった。

十数年前、伊勢丹株を買い占めた不動産会社秀和から買い取りを誘われた際は断った。労働集約型の小売業は人心第一だが、相手にその気がなかった。今回は和田さんに「いいご縁だ」と言ってもらえた。

もし、持株会社化が遅れたら、この展開はなかったかもしれない。気の短いトップを持つとスタッフは大変だが、経営は決断したらすぐ実行することだ。

ただ、世界でも類を見ないほど多様な業態を擁することになったこの持株会社化が、その後、世界初の、そして、「流通のあり方の最終形」とも言うべき形態への進化を可能にする下地になるとは、このとき想像もしなかった。

第６章

流通革新の第2ステージへ向けて

リーマン・ショックに対抗した心理学経営

なぜか顧客の方が「礼」を言う不況突破企画

二〇〇八年(平成二十年)九月十五日、アメリカの投資銀行、リーマン・ブラザーズが経営破綻する。負債総額六千百三十億ドル(約六十四兆円)。史上最大の倒産を引き金に、世界連鎖的な金融危機が発生し、日本でもその年の秋から、景気が一気に減速、不況に突入した。

世に言うリーマン・ショックだ。

この不況下で、買い物をした顧客の方が、「ありがとうございます」と、店側に礼を言ってくれるという不思議な現象がヨーカ堂で起きた。

財布のヒモが固くなって、なかなか買ってもらえない状況になり、買ってくれた顧客に対し、売り手の方がこれまで以上に礼を述べなければならないのに、なぜ、買い手の顧客の方が礼を言うのか。

その理由は不景気のまったただ中で、私が発案し、ヨーカ堂が業界にさきがけて打ち出して大ヒットした二つの不況突破企画にあった。

一つは「キャッシュバック」キャンペーンだ。衣料品を中心に、買い上げ金額から最大二〇～三〇％を現金で返すというものだ。〇八年十一月末の第一弾が大好評だったことから、第二弾、第三弾……と立て続けに行い、〇九年の年末セールでも総額一〇億円と過去最大規模のキャンペーンを敢行し、マスコミでも話題となった。

例えば、一万円の商品を購入し、二〇％返金なら二千円が返る。理屈から考えれば、二割引きと同じだ。むしろキャッシュバックの場合、顧客は最初にレジで代金を払ったあと、特設レジまで歩いて行き、込んでいれば並び、対象商品ごとに返金してもらうので、手間がかかり、面倒だ。

ところが、二千円が現金で戻ると、顧客は「ありがとうございます」と売り手側のわれわれに言ってくれるのだ。一万円の商品を二割引きの八千円で買っても、レジで「ありがとうございます」とはけっして言わないだろう。

もう一つは、「現金下取りセール」だ。期間中の衣料品の買い上げ金額の合計五千円ごとに、顧客の不要になった衣類を一点千円で現金下取りする。これも大好評で回を重ねるごとに、対象品目をスーツ、コート、ハンドバッグ、革靴などから他の衣類、寝具・インテリア用品、鍋・フライパンや食器、電気製品へと広げ、買い上げ合計金額も三千円ごとに一点五百円で下取りと、より利用しやすいように設定していった。これも理屈で考えれば、二割引きと同じだ。むしろ下取り品を持っていく手間もかかる。なのに、価格の二割引きセール以上に好評で、期間中は売り上げが二〜三割もアップした。以降、小売業界では追随して下取りセールを始めるところが相次いだ。

この二つの企画の大ヒットは、買い手市場の時代にあって、何よりも重要な視点を示していた。

「買ってもらえない時代」には理屈より心理が大事

値引きしただけでは、そう簡単には売り上げが伸びないのに、なぜ、キャッシュバックや現金下取りセールでは顧客の財布のヒモが緩んだのか。それは、どちらも消費者の心理を温める企画だったからだ。

一万円の商品を八千円で買うのと、一度払った一万円から二千円が現金で戻ってくるのとでは感じ方が違う。

現金下取りセールのヒットにはもっと人間の心理がよく表れている。今はモノ余りで、どの家庭もタンスの中に服があふれている。着なくなった服は客観的に考えれば、価値はない。しかし、捨てると損するような気がして自分ではなかなか捨てられない。それは本能的なものだろう。

それが下取りであれば、着なくなった服に新たな価値が生まれる。ならば、お金に替えて買いものをしようと思う。それが人間の心理だ。

人は、損と得を同じ天秤にかけようとせず、通常は損して失うものの方が得して得るものより、大きく感じてしまう。しかし、キャッシュバックや現金下取りなら、お金や服を手放す損失の感覚を上回る喜びを得られるので、利用しようと思う。

リーマン・ショックのあと、私が下取りを組み入れる企画を提案したとき、営業担当の幹部からは効果を疑問視する声が返ってきた。それは一九九七年の消費税率三％から五％への引き上げ時に、私が発案した「消費税分還元セール」に対し、反対意見が大半を占めたのと同じように、理屈で考えたからだった。

値下げをすれば売れたという過去の経験の延長上で、今は値下げをしてもなかなか売れない。ましてや、値下げもせず、下取りセールだけでうまくいくはずがないと理屈で考えた。

しかし、人間は理屈ではなく、心理や感情で動く。タンスの中が服でいっぱいなら、タンスの中を空ける仕掛けを考えればいい。もう着ない服が新たな価値を持ち、タンスの中が空くのなら、顧客はお店にやってくるはずだ。私はその心理を読んだ。

前述のとおり、日本はモノ余りが進み、先進国の中でも消費が最も飽和した国だ。消費が飽和すればするほど、心理が消費行動を大きく左右する。それは景気が好転しても変わらない。

売り手市場から買い手市場へ変わってしまった日本では、過去の経験に基づいた理屈を捨て、顧客の心理に働きかける仕掛けが求められることを、この二つの不況突破企画は物語っていた。

これ以降も、買い手市場の色合いが強まれば強まるほど、顧客の心理を軸にすえた経営が求められるようになっていった。

東日本大震災で定着した「コンビニ＝生活インフラ」

メーカーのトップに電話で商品供給を要請

二〇一一年（平成二十三年）三月十一日午後二時四十六分、三陸沖を震源とするマグニチュード九・〇の日本観測史上最大規模の地震が発生。それにともない引き起こされた津波が、東北地方を中心に東日本の太平洋岸に襲いかかった。

そのとき、私は執務室にいた。本が棚から飛び出し、テレビが倒れる。両手で机の端をつかみながら、異常事態だと察した。

過去の事例から、震度五以上の地震が発生した場合、幹部は五分以内に集合し、社内に対策本部を立ち上げる規定となっていた。地震発生直後の午後二時五〇分には、私を本部長とする震災対策本部が発足。傘下の各社店舗の被害状況の把握を開始した。

刻々と入ってくる情報から、店舗だけでなく、物流拠点、取引先の生産工場なども大きな被害を受けたことが次第に明らかになっていった。

セブン-イレブンでは東北・北関東地域に展開する二十の物流センターが被災。おにぎりや弁当など、セブン-イレブンのオリジナル商品だけを製造するベンダーの専用工場も、域内八十四工場中、四十一工場が被災し、生産できない状態に陥っていた。ヨーカ堂では、東北地方にある九カ所の物流拠点のうち、三拠点が被災し、機能を停止していた。

それだけでなく、被災地域が広範囲にわたり、燃料、電力、物流のインフラそのものにダメージが広がっており、商品調達も配送も、簡単には代替機能が見つけられないという、過去に経験のない事態に直面した。

こうして被害状況が判明するなか、私は阪神淡路大震災のときとは明らかに異なる対応の必要性を感じていた。

阪神淡路大震災のときは、被災地は神戸を中心に、一つのエリアに集中していたため、食糧をはじめとする緊急支援物資をそこに供給することが最大課題だった。そこで、急きょ、ヘリコプターを導入し、自衛隊の協力を得て、着陸地点を確保し、物資を輸送したりもした。

しかし、今回は被災地が東北一帯に広がる。支援物資の投入も急を要するが、被災地の人々の生活を支えるため、店舗の再建こそ最大課題であると位置づけた。

ヨーカ堂では、地震発生当日の午後六時から、緊急時の必需品を店頭に並べて自主

東日本大震災被災地での移動販売

的に営業を再開した石巻あけぼの店をはじめ、被災地の全店が翌日には営業を再開したが、セブン-イレブンは約六百店が休業を余儀なくされていた。これをいち早く再建しなければならない。

店舗の再建には、棚に並べる商品が必要だ。実際、現場の店舗に「今、何が困っているが」と聞くと、「商品がない」という切実な声が返ってきた。東日本では一気に商品不足の状態に陥っていた。

こうした状況で、いかにして商品を店頭に並べるか。私は各メーカーのトップに電話をかけ、商品を提供していただけないか、直接お願いした。

「わかりました。セブンさんにお出ししましょう」

好運なことに、各トップとも、西日本に向けて送るはずだった商品を急きょ、振り向けていただけるとの返答をいただくことができた。

なぜ、われわれのグループに優先的に商品を提供していただけたのか。

大きかったのは、商品の導入率の高さだ。セブン-イレブンの場合、本部が各店舗に推奨する商品は、ＯＦＣ（オペレーション・フィールド・カウンセラー）のアドバイスを通じて、その九五％が末端まで行き届く。この導入率の高さは他チェーンと大きな開きがあった。

また、被災地の現場においても、コンビニ各チェーンの中で、セブン-イレブンは「何かあったときにはお店を開けることが、われわれコンビニの使命である」との使命感から、お店を開いている比率が高かった。

セブン-イレブンなら、投入した商品は間違いなく、被災地の店舗の棚に並ぶ。震災の混乱の最中でも、各メーカーはどこに商品を送り込めば、いち早く現場に届き、一番有効かがわかっていた。

非常時での厳しい状況を打開することができたのも、各メーカーとの日ごろからの信頼関係の積み重ねがあったからだった。

その結果、他の小売店の棚に商品がないときにも、セブン-イレブンの店舗には商品が並ぶ光景が多く見られた。

ドミナント戦略による専用工場率の高さが商品供給力の差を生んだ

一方、おにぎりや弁当など、セブン-イレブンのオリジナルのデイリー商品については、震災直後から、「玉突き方式」で商品の送り込みを行った。

被災地から比較的近い関東の工場から商品を供給し、関東地区へは新潟・北陸地区や長野・山梨地区から送り込むといった具合に、隣接する地区の製造可能工場から融通し合うバックアップ体制で被災地でも店頭に商品を並べた。

これが可能だったのも、専用工場率が九〇%以上と、他チェーンと比べ、何倍も差がある圧倒的に高い比率を実現できていたからだった。そして、高い専用工場率を実現できたのも、創業以来、出店についてはドミナント戦略を徹底したからだった。

一定エリア内に高密度で多店舗を出店すれば、物流、広告、店舗指導等の各面で効率向上が期待できると同時に、顧客にとっては、地域全体のセブン-イレブンへの認知度が高まり、心理的な距離感がどんどん縮まって、利用率がにわかに上がっていく。

そして、商品の製造面でも、提携するベンダーがドミナント出店による経済規模を確保できるため、出店エリア近くに専用工場の設備投資が可能になり、品質に配慮した独自の商品をつくり、鮮度の高いまま配送できる。

商品の導入率の高さにしろ、専用工場率の高さにしろ、セブン-イレブンならではの取り組みを日ごろから徹底して実践しているからこそ、未曾有の異常事態に直面しても、威力を発揮することができた。

実際、地震発生から十五日後の三月二十六日から、デイリー商品については、被災地でも通常通り、一日三便配送体制を再開。月末までには、全商品について、顧客のニーズに応えられるよう、受発注システムを再稼働できた。この対応力の速さも他チェーンを圧倒した。

そして、最大課題であった店舗再建も、セブン-イレブンについては、一カ月後には原発エリアなど限られた地域の六十店舗を除いて、休業約六百店舗が営業再開。

東北と北関東地方が地盤のグループ企業、食品スーパーのヨークベニマルも震災直後は約百店舗が休業を強いられたが、グループあげての支援により、やはり原発エリアなどの十店舗を除いて、営業を再開した。

原発エリアに関しては、こんなエピソードもあった。避難地域に近い場所で、震災後も営業を続けようとしていたセブン-イレブンの店舗があった。ところが、放射線の影響を懸念して、商品を配送する車のドライバーがその地区に入りたがらないという。その報告を聞き、私は担当者にこう言った。

「福島の店舗のオーナーも、スタッフの人たちも、お店を開けようと頑張っている。避難地域ではないのだから、運転手が確保できないのなら、なぜ、自分たちで運ぼうとしないのか。君たちがやらないなら、私が代わりに運転する」

現場で社員が配送を始めると、それに呼応するように、運転を買って出るドライバーの人たちが出てくるようになり、商品は途切れることなく棚に並んだ。

東日本大震災において、改めてその役割が再評価され、注目を集めたのが、人々の身近にあって、生活を支える社会インフラとしてのコンビニの存在だった。

それは商品不足が続くなかで、商品供給力を発揮したことへの評価もあったが、セブン-イレブンについては、それ以前から、自分たちのコンビニとしての存在意義を問い直し、店舗のあり方を抜本的に見直す取り組みを続けてきたことが下地としてあった。

その取り組みはその後の、いわゆる「コンビニ復活」の道筋へとつながる。ここで、その経緯をお話ししよう。話は、震災の一年半前に戻る。

「コンビニ飽和説」を超えて

「市場飽和」を唱えた人々との決定的な違い

二〇〇〇年代半ばごろ、コンビニ業界は既存店売上高の前年割れが相次ぎ、そのたびに、マスコミは繰り返し、「コンビニ飽和説」を唱えた。

外から数値データだけを見れば、そう見えたかもしれないが、同業他社のトップの口からも、「市場飽和」の声が聞こえたのは、私との基本的な考え方の違いを感じざるを得なかった。

私から見れば、業界全体の業績が伸び悩んでいるのは、「踊り場」にさしかかっているにすぎなかった。そのため、コンビニはこれから先も、市場の変化に対応していけば、市場飽和はありえないと、一貫して唱え続けた。

コンビニは何も意識せず店内を見れば、ローソンも、ファミリーマートも、セブン-イレブンも一見、同じように見える。しかし、自分で買い物をする意識で見ると、ほしい商品があるかないか、商品がおいしいかどうか、それぞれに違いが出てくる。その中で顧客はどの店を選ぶか、その選び方が一店舗あたりの日販の差に表れる。セブン-イレブンの平均日販は二〇〇〇年代半ば当時も六十三万円前後で、他社と十二万円以上の開きがあった（二〇一四年二月期は六十六万四千円）。どのチェーンも同質で業績も同レベルであったら、市場は飽和しているといってもいいが、日販の差はそうではない何よりの証だった。

また、業界の中で、どこからも何ら革新性が出てこなかったら、飽和しているかもしれない。しかし、セブン-イレブンの場合、当時も住民票の写しや印鑑登録証明書が夜間や休日でも身近な店舗で取得できるコンビニ初の行政サービスを始めるなど、革新的な試みに次々着手していた。

何より、セブンプレミアムという、流通業界のPB商品に対する既存の常識を覆す商品群を次々と生み出し、ヒットさせていた。

市場のどこが飽和しているのだろう。「市場飽和」を唱える人たちはマーケットを固定的に見ているとしか思えなかった。

マーケットは今、大きく変わりつつある。消費者もコンビニに対してもっと新しい商品やサービスを求めていた。コンビニはその潜在的なニーズに十分応えていなかったから、踊り場の状態にあった。

もし、顧客の潜在的なニーズを掘り起こし、それに応える商品やサービスを提供できれば、コンビニこそこれから一番伸びていくはずだと私は思っていた。

ここに、「市場飽和」を唱える人々との決定的な違いがあった。そしてその後、私は持論の正しさを実証することになる。

セブン‐イレブンの品揃えを大幅見直し

二〇〇九年（平成二十一年）秋、セブン‐イレブンは、「今の時代に求められる『近くて便利』」をコンセプトに、店舗での品揃えの大幅な見直しに着手した。

「近くて便利」。当時、私がことあるたびに、「コンビニは常にそうでなくてはならない」と話していた言葉がそのまま、改革のコンセプトになった。

日本初の本格的なコンビニエンスストアチェーンであるセブン‐イレブンは、初期のテレビCMの制作の際、私が咄嗟に口にした「開いててよかった」のコピーどおり、日本人の生活時間が広がっていくなかで、近くにあっていつでも開いているタイムコンビニエンスの利便性を提供し、若い層を中心に強い支持を受けた。

一号店開業から三十五年が経った時点で、なぜ、「近くて便利」というコンセプトをまた追求したのか。それは日本の生活環境やマーケットの変化を見すえ、自分たちはどのような顧客に対し、どのような商品やサービスを提供していくべきか、改めて問い直し、変化への対応を徹底するためだった。

日本は総人口が減少する一方で、少子高齢化を背景に単身世帯は逆に増えていた。推計によると、夫婦と子供からなる世帯が全体に占める割合は〇五年（平成十七年）の約三〇％が三〇年（平成四十二年）には約二二％へと減少するのに対し、単身世帯は逆に約三〇％から約三七％へ増加すると予想されていた。

つまり、一世帯あたりの人数はどんどん減っていく。消費者が一回の買い物で買う量も当然、少なくなっていく。

また、女性の就業率は年々高まって、当時で六〇％近くに達しており、この傾向はますます高まっていくと予想された。

とすると、少し先のスーパーマーケットまで買い物に行かなくても、家の近くのコンビニでほしい商品がほしい分量だけ手に入れば、そこで買い物をすませようと考えるのは自然の流れだ。

日本人の生活パターンが変わってきた今だからこそ、コンビニを改めて「近くて便利」というコンセプトで定義づけることが重要ではないか。ＯＦＣたちに、そう語ったのが始まりだった。

もちろん、コンビニエンスストアという言葉自体、便利な店という意味であり、別に「近くて便利」などといわなくてもいいのではないかと思われるかもしれない。

ただ、われわれ日本人の中に、「コンビニといえば、ああいう店だ」という固定したイメージができあがっているところもあり、そのイメージの中にいる限り、マンネリ化するだけだ。

そこで、コンビニエンスを「近くて便利」と言い換えることで、セブン‐イレブンでまたなにか新しいことが始まるのではないかという感覚を顧客に持ってもらう。店舗のオーナーさんたちにも、自分たちが目指す方向性を示すことができる。

セブン‐イレブンといえば、「近くて便利」が〝枕詞〟になるようにする。それが大事だと考えたのだった。

コンビニ復活

従来、コンビニといえば、おにぎりや弁当など、即食性の高い商品が主力だった。

これに対し、マーケットの変化やニーズの変化に対応するため、品揃えの大幅見直しで特に力を入れたのが惣菜メニューだった。

メニューの種類を増やし、ポテトサラダ、肉じゃが、筑前煮、ひじき煮、きんぴら……など、おいしさとともに少量で買いやすい価格を実現したセブンプレミアム・シリーズを順次開発し投入するなど、食事づくりの手間や煩わしさへの解決策を提供するミールソリューションのマーケティングに本格的に取り組んだ。

さらに変化対応の取り組みとして、宅配サービスも開始した。セブン-イレブンの草創期、店舗開発の対象は、酒販店が多かった。出店を勧誘する際の決まり文句は、「これからは配達とご用聞きの必要がなくなりますよ。お客様が買いに来てくれるようになります」だった。

それが、高齢者世帯の増加にともない、配達とご用聞きが求められるようになった。この宅配サービスは、二〇一二年（平成二十四年）に開始する、超小型電気自動車による商品お届けサービス「セブンらくらくお届け便」へとつながっていった。

少人数のシニア世帯や単身世帯、あるいは、仕事を持ち買い物をする十分な時間のない女性層をターゲットとした取り組みは決して派手ではなく、地道な努力の積み重ねが必要だった。

すぐには成果が出なくても、徹底してレベルの向上を続け、努力を積み重ねたことで顧客の支持に結びついていき、一年半後、成果となって表れた。一一年二月期決算の既存店売上高は消費不況下でも前年を上回り、前年並みか前年割れの同業他社をしのぐ実績を上げることができた。その数字を押し上げたのは、女性や高齢者など新たな顧客の増加だった。

男女別客数の前年比を見ると、男性客は総じて前年並みだったのに対し、女性客は毎月一〇五～一一〇%で推移。ミールソリューションの意味が女性客に伝わり、新しい市場が生まれる可能性を予感させ、そして、現実のものになっていった。

既存店売上高の伸び率は以降もプラスが続き、セブン-イレブンの新たな成長のステージが認められるようになる。

市場の変化に対応していけば、市場飽和はありえない。近くのコンビニで食事づくりの手間を解消できるようにする。私の持論と仮説が正しかったことを実証する上で、最も貢献したのが、セブンプレミアムの商品群だった。

なぜ、セブンプレミアムは絶大な評価を得ることができたのか。その開発の経緯を次にたどっておきたい。

PBの常識を覆したセブンプレミアムのヒット

「低価格」ではなく「質」を追求する

「われわれもグループのPBが必要ではないでしょうか」

セブンプレミアムの開発は、グループ企業ヨークベニマルの大高善興社長の提案がきっかけだった。

地元スーパーやショッピングセンターなどとの競争が激しい東北、北関東地域で、家業を優良企業へと育てあげた優れた経営者である大高社長は、他社が低価格のPB商品で攻勢をかけてきたのに対抗するため、PBの開発着手を求めたのだった。二〇〇六年（平成十八年）八月のことだ。

私は、セブン&アイグループとして、PBの開発に本格的に取り組むことには賛成したが、二つの絶対条件を示した。一つ目はPBの常識を覆すものだった。

「低価格を優先するのではなく、質を徹底して追求するように」

流通のPB商品といえば、従来、「メーカーのナショナルブランド（NB）より安

PB商品セブンプレミアム

い商品」という位置づけが一般的だった。既存の常識と反対の開発方針を私が示したことに対し、大髙社長をはじめ、社内でも、「消費者は低価格のPB商品を求めているのではないか」と否定的な声が上がった。

ただ、私は当時の円高不況下でも、価格の安さだけでなく、質のよさを求める顧客が増えていることを確信していた。

質の追求より、低価格の商品をつくる方が実は容易だ。仮に六割の顧客が低価格を求めているとしたら、売り手の大半はそちらを選ぶだろう。ただ、たちまち飽和状態になり過当競争に陥る。

一方、質を求める顧客は四割でも、ニーズに的確に応えたら圧倒的な支持を得られる。そして、今まで六割の中にいた顧客も四割の方に移ってくる。進むべき道は明らかだった。

質の追求以上に、グループ各社から反発の声が上がったのは、もう一つの条件だった。「グループ内のコンビニでも、スーパーでも、百貨店でも、同じ値段で販売するように」

全グループで同じ価格で販売する。この方針に対し、コンビニ側はメーカーの希望小売価格より原則的に値を下げて売るスーパーと同じ商品を置くわけにはいかないと言い、スーパー側はコンビニや百貨店と同じ値段で売るわけにはいかないと言い、百貨店側はスーパーやコンビニが扱う商品を百貨店が扱うわけにはいかない、と反論した。

反対論はいずれも過去の経験にとらわれた発想だった。

コンビニと、スーパーと、百貨店は違うという区分けは、売り手側が観念的にそう決めつけているだけだ。一方、「顧客の立場で」考えるとどうなるか。顧客はセブンプレミアムの商品について、「これは二百円を出しても買うだけの価値がある」と思えば、セブン-イレブンでも、ヨーカ堂でも、そごう・西武でも買う。どちらも同じ値段だから買わないとは思わない。

重要なのは、自分たちの固定観念を否定し、セブン-イレブンだろうと、ヨーカ堂だろうと、そごう・西武だろうと、同じ値段で販売しても、顧客に価値を感じて買ってもらえるような、これまでにない新しい商品を開発していくことではないか。そう説いて、プロジェクトを推進した。

そして、本来は自社のNB商品があるため、流通企業のPB商品は製造しないのが常識であった大手メーカーや一流メーカーをねばり強く説得。チームMDを組んで、質の高い商品を開発し、〇七年（平成十九年）五月、第一弾の発売にこぎつけた。以降、次々商品を開発し、ヒット商品を生んでいった。

製造元を明かさないPBが多い中で、セブンプレミアムは製造元を明記した。安全安心を重視する消費者の要望に応えた点が評価され、「日経優秀製品・サービス賞2008」の最優秀賞・日本経済新聞賞にも選ばれた。

低価格ではなく、質を追求し、メーカー名も明記する。既存の常識を破らなければ、新たなフロンティアは切り拓けず、顧客の感動も得られないことを、ここでも示したのだった。

日清食品のトップに「最高級品の開発」を直接要請

販売開始から三年半後の一〇年（平成二十二年）秋、私の発案により、ワンランク上の「セブンゴールド」シリーズを新たに開発。第一弾として、ハンバーグステーキ、ビーフカレー、チキンカレー、ビーフシチューの四アイテムを発売した。

セブンプレミアムがNB商品と同等以上の品質を値ごろな価格で提供するのに対し、セブンゴールドは人気専門店と同等以上の品質を買い求めやすい価格で提供するのがコンセプトだった。

実際、専門店をしのぐほどの〝贅沢な味〟が評判で、これもヒット商品へと成長していった。それは、顧客の中にも生まれていた「PB商品＝安いもの」という固定観念を打ち破る新しい仕掛けとして認知されたことを物語った。

象徴的なエピソードがある。日清食品の経営トップ、安藤宏基・日清食品ホールディングス社長が来社された折、私は直接こうお願いした。

「私たちのグループに向けて、おたくにある最高の技術で最高の商品をつくってください」

業界トップの力量と研究熱心さを見込んでの要請だった。

「値段はどうしますか」

と、安藤社長は聞かれた。

「値段は問いません」

そうお答えした。流通業界のPB商品は、販売価格を先に設定するのが常識だったが、値段にとらわれていたのでは、最高の商品はつくれないと私は考えた。

安藤社長から後日談で聞いたところでは、この案件を会社に持ち帰ったところ、幹部の方々は、「絶対、あとで値段のことを言ってくるから」と難色を示し、これを説得するのが大変だったようだ。

一二年（平成二十四年）秋、共同開発により、セブンゴールドで初のカップラーメン「日清名店仕込みシリーズ」として発売され、一個二百六十八円とＮＢのカップ麺より価格が高いにもかかわらず、ヒットを飛ばした。

ＰＢ商品ではないが、サントリーのトップの佐治信忠・サントリーホールディングス社長（当時）が当社に来訪された際にも、同様のお願いをしたことがある。「御社でつくれる最高の品質のビールをつくってください。全部買い取って販売しますから」

佐治社長は、「そういう要望は初めてだ」と最初は大変驚かれたが、そこから上質ビールの共同開発がスタートした。

麦芽一〇〇％で材料を厳選したセブン＆アイグループ限定の「穫れたて素材生ビール」が一〇年冬に発売され、一缶二百三十八円（三百五十ミリリットル）と、缶ビールとしては高額な価格ながら、当初は三カ月で売り切る予定が、実際には一カ月で完売した。

以降も「深みの逸品」（一一年）、「深みの贅沢」（一二年、一三年）と続き、人気シリーズとなり、セブンゴールドで初のビールとなる「ザ・ゴールドクラス」（一三年六月発売）の共同開発へと結実していった。

セブンプレミアムの年間売上高はセブンゴールドも含め、約六千七百億円（一三年）

に達し、一品目あたりの売上高は約三億円と、同業他社のPB商品を二倍以上引き離している。単品で年間の売上高が十億円を超えるアイテムも百品目を優に超えるなど、PBでは他に類を見ない売れ行きを示している。

もし、「PB商品は低価格優先」という固定観念に縛られていたら、このヒットは生まれなかった。

人間は過去の経験に縛られやすく、変えることに抵抗する。高級版のセブンゴールドをつくる案に対しても当初、商品開発担当者たちは否定的だった。わずか三年半でも、「今以上に高くすると売れないのではないか」という固定観念が生まれていたのだ。それほどに、人間は過去の経験にとらわれやすいのだ。

モノが余り、消費が飽和した日本では、人々は常に新しいものを求め、これまでにない新しい価値が提供されることを待ち望んでいる。その期待に応えるには、過去の経験や既存の概念に対して、「本当にそうだろうか」と自ら問い続け、それこそ朝令暮改もいとわない自己変革が求められている。

百貨店経営の意識を変えたPB商品開発

自分たちで質を追求した商品を企画し、メーカーと共同開発するPB商品で差別化を図る。セブンプレミアムの成功が立証した差別化の戦略は、傘下のグループ企業の経営にも変化をもたらした。

セブンプレミアムは、グループ各社の商品開発担当者やバイヤーが集まり、商品カテゴリーごとに四～五名のチームを組み、通常業務兼任で開発にあたる。開発方法は、創業以来、弁当やおにぎりなどオリジナル商品の開発を続けてきたセブン-イレブンの独自の手法をベースにした。

これにより、PB開発のノウハウと差別化に挑戦する志がグループ内で共有され、ファッションを主力商品とする百貨店のそごう・西武でも、業界に先がけて、「百貨店のPB」による差別化に挑戦するようになっていったのだ。

百貨店は今、同質化している。商品の仕入れを大手の問屋に依存するため、どこの百貨店に行っても、同じものが、同じような売り場で売られるようになってしまった。

百貨店業界もかつてはそれぞれに自主商品を手がけたことがあったが、売れずに不良在庫化する失敗を繰り返すうちに、それがトラウマとなり、手を出さなくなってしまった。その自主商品も、メーカーに丸投げしてつくってもらい、自社のブランド名をつけたようなものだった。

しかし、同質化が続けば、百貨店業界に明日はない。顧客を取り戻すには、従来の横並びの百貨店的手法から脱却し、今、目の前にいる顧客の立場に立って、何が求められているかを考えるべきではないか。過去の失敗にとらわれず、もう一度ゼロベースで自主商品の開発に挑戦し、差別化の武器にすべきではないか。

私の提案に対し、当初、社内ではかなり反対が多かったが、セブンプレミアムのヒットが自主開発の動きを後押しした。

そごう・西武は二〇〇九年（平成二十一年）秋より、他社に先がけて、独自のPB「リミテッドエディション」をメーカーと共同開発し、婦人、紳士、こども、インテリア、スポーツとファッションの全領域横断で展開を開始。著名クリエイターと組んでブランド開発を行うなど、高いファッション性を持った上質な商品を手ごろな価格で実現するという新しい価値の提供に挑戦していった。

また、自社で製品のデザイン、企画、製造を手がけるSPA（製造小売）は従来、専門店で行われてきたが、百貨店として初の本格的なSPAへの取り組みにも着手。PB商品の海外店舗での販売も始めた。衣料品についていえば、現在、自主開発商品の比率は二〇%まで高まり、業界では一番高い水準にあるのではないだろうか。一五年（平成二十七年）二月期には、自主開発商品の売上高が一千億円に達する見込みで、百貨店のPB商品としては最大規模になる。

そごう・西武のPB開発による差別化戦略は、衣料品販売で苦戦が続く総合スーパーのヨーカ堂にも波及。両社でリミテッドエディション・ブランドの衣料品を共同で開発し、スーパーの衣料品事業の立て直しにつなげる試みも始まった。多様な業態を擁するセブン&アイグループの企業間で連携を強め、相乗効果を発揮して、商品力を強化するというグループシナジーが、いよいよ目に見える形で表れるようになった。

セブンプレミアムの開発は、われわれにとって、ただのPB開発だけではなかった。自分たちでリスクを取り、責任を負い、誇りを持てる商品を開発し売っていく。新しい百貨店づくりや、スーパーの衣料品事業立て直しへの挑戦は、既存の常識を破らない限り、顧客に感動してもらえる商品は提供できないという意識が、グループ内に広まり、定着していったことを意味した。

気鋭のクリエイター、佐藤可士和氏との出会い

セブンプレミアムに関連して、もう一つ、デザインにも注力した話をしておきたい。

常に新しいものを生み続ける。実は、それだけでは、顧客に対し、新しい価値や意味はなかなか伝わらない。私は以前から、新しいものを生み出すと同時に、新しさをいかに伝えていくか、コミュニケーションが非常に重要になっていると考えていた。

ところが、われわれのグループのコミュニケーションの取り組み方を見ると、アピールの仕方に全体感がなく、単発に終わっていて、なかなかブランドの価値が伝わらず、ブランドイメージを確立するまでには至っていなかった。

既存の常識を覆すセブンプレミアムを開発し、「今の時代に求められる『近くて便利』」というビジョンを打ち出したものの、商品のロゴやパッケージデザインがバラバラで、新しい価値や意味が伝わり切れていなかったからだ。

そんなときに出会ったのが、日本で最も活躍するクリエイティブディレクター、佐藤可士和氏だった。初めてお会いしたのは、〇九年秋に、グループの広報誌である『四季報』で対談をさせていただいたときだった。

日ごろの問題意識をお話しすると、佐藤さんもまったく同じ考えをお持ちで、ご自

身のクライアントであるファッション専門店が海外進出した際のお話を披露された。

単に海外に店舗をオープンするだけでなく、「最先端のリアルな東京カルチャーを発信するメディアになる」「自分たちが日本代表として出店する」というコンセプトのもと、佐藤さんは広告やPR戦略、商品、パッケージや陳列の仕方はもとより、店内の案内表示、レシート、ハンガーから、床の材質やごみ箱に至るまで、どんなデザインのものを使うか、自身ですべてに目を通したという。

そこまで統一感を追求して初めて、お店に入って一目でどういう店か理解してもらえるようになったとのことだった。デザインは目に見えるものなので、コミュニケーションが速く、影響力は非常に大きいものがある。

「伝わらないのは存在しないのと同じ」

そう話す佐藤さんの優れた感覚に共感し、私は「セブン-イレブンを進化させるために力を貸してほしい」と、デザインのトータルプロデュースをお願いした。

われわれの申し出を受ければ、その分、時間が割かれ、これまでのクライアントの仕事にも影響が出る可能性がある。佐藤さんは一度、クライアントのオーナー経営者と相談の上、「セブン-イレブンの仕事ならやってはどうか」と後押しを受けてお引き受けいただいた。

私と二人だけで何回も話し合い、私の信念をすべてお話しした。ロゴやデザインを具現化するため、社長以下、現場部隊も入ったミーティングは一年間で三十回を超えた。これほど徹底して取り組む姿勢には、佐藤さんも驚かれたようだった。

あるとき、弁当を試食した佐藤氏の口から意外な言葉が飛び出した。

「ところで、この弁当はどこの仕出し屋がつくっているのですか」

セブン‐イレブンはベンダーとチームＭＤで共同開発し、品質の改善改革を積み重ねてきた。ところが、コンビニに強い関心を持っていたという佐藤氏にも、価値が伝え切れていなかったのだ。

個と全体という構図でいえば、これまではそれぞれの商品について、個としてしか考えておらず、「セブン‐イレブンとしての弁当」という感覚がなかった。いや、みんな、自分ではあるつもりでいた。しかし、弁当にはロゴマークもついていないし、パッケージも全部違っていて、結局、バラバラでブランドのイメージが伝わっていなかったのだ。

商品を全面リニューアルするとともに、従来バラバラだった商品のロゴやパッケージデザインを統一する。売り場全体でブランド価値を再構築し、顧客に再認識してもらうブランディングプロジェクトを一年がかりで進めた結果、セブンプレミアム、セブンゴールド、そして、おにぎりや弁当などのオリジナル商品のロゴとパッケージを全面刷新した。

するとと顧客の側も、個々の商品は違っても、ロゴやデザインが統一されていることで、背後にある関連性や文脈を感じることができる。佐藤可士和氏と組んだこのプロジェクトで、提供する価値を整理することと、それを的確なコミュニケーションで伝えることの大切さを学んだのだった。

「金の食パン」「セブンカフェ」はなぜ、ヒットしたのか

NB商品の一・五倍の値段で二倍の売れ行き

常に新しいものを生み出し、顧客の期待に応えるには、過去の経験や既存の概念に対して、「本当にそうだろうか」と自ら疑問を発し続け、自己変革していかなければならない。

その典型が、「金の食パン」の大ヒットだった。

「もっとおいしい食パンがつくれるはずだ」「顧客ももっとおいしい食パンを求めているのではないか」。

きっかけは、私の素朴な疑問だった。食パンは日本の食事パンの主流であり、セブン&アイグループでも、NBの売れ筋商品のほか、PB商品も販売し、販売成績もそれなりに順調だった。

ただ、私はその味にけっして満足していなかった。世の中のパン専門店や高級レストランでは、もっとおいしいパンが売られ、提供されている。PB商品を共同開発す

るベンダーはパンの専門メーカーではないが、もっとおいしいパンがつくれるはずだ。すべては、現状に対する問い直しから始める自己変革のプロジェクトだった。

金の食パンの開発も、販売価格が先にありきではなく、値段にとらわれずに、上質さをひたすら追求した。

限定仕様のスペシャルブレンドの小麦粉を一〇〇%使用し、麦芽エキスを加えて熟成を進め、北海道産の生クリームとカナダ産のハチミツを加えて甘味の奥行きを出す。手で丸める（手ごね）という大量生産には不向きな工程も入れて、もっちりとした食感を引き出す。常に「顧客の立場で」考え、買い手にとって都合がよければ、売り手にとって不都合なことでも実行するのが、私の経営における信念だ。

一三年（平成二十五年）四月一六日に発売された金の食パンは、一斤六枚入りが二百五十円と、NBの売れ筋商品より五割以上、従来のPB商品の二倍の値段にもかかわらず、おいしさが支持され、発売二週間で販売個数六十五万食を突破。計画を五割上回る売り上げはその後も加速し、NB商品の二倍、年間で実に三千五百万食という驚異的な実績を上げて、大人気商品になった。

傘下の西武池袋本店地下の食品売り場では、セブンプレミアムのコーナーで金の食パンを購入した顧客は、厳選牛肉の販売で知られる同じ売り場の高級牛肉店でも買い物をするという傾向もマーケティングデータとして報告された。

金の食パンのヒットは、パンのマーケット全体にも影響を及ぼし、街には高品質の食パンを扱う「食パン専門店」が登場し、大手NBメーカーも、高価格の高級食パンを発売するようになって、高級食パン市場を広げることにもなった。

こうした現象は、今が質の競争の時代であることを象徴しているといえるだろう。

この金の食パンの開発においては、商品づくりに対する、私のもう一つの信念も貫かれている。

新製品として発売されたその日、普通なら「販売促進に力を入れるように」と檄を飛ばすところだが、私は開発担当者にこう指示した。

「すぐにリニューアルに着手するように」

金の食パンは際立っておいしい。ただ、おいしいものにはもう一つ、裏返しの意味がある。それは〝飽きる〟ということだ。おいしければおいしいほど、続けて食べれば顧客は飽きる。

しかも、日本では一つの商品のライフサイクルがどんどん短くなっている。商品の売り上げの推移は、最近ではピーク時期が短い「ペンシル型」になっている。

金の食パンも、おいしい分、飽きられる度合いも高い。飽きられる前によりレベルアップした商品を投入できるよう、準備を始めさせたのだ。

リニューアル版は、ハチミツを増量するなど、原材料を見直し、食感をより高めて、六カ月後の十月一日に発売。その後も手は休めず、リニューアルは一年間で三回行った。そこまで徹底しなければ、顧客の持続的な支持は得られない。

セブンカフェの爆発的大ヒット

金の食パンが発売された一三年（平成二十五年）には、もう一つ、セブン-イレブンで記録的な大ヒット商品が生まれている。その年のヒット商品番付で東の横綱にもランクされたセルフ式のドリップコーヒー「セブンカフェ」だ。

コーヒー豆は各国で収穫される中でもハイグレードなものだけを厳選し、コーヒー鑑定士の風味確認を経た素材を使用する。コーヒーの甘味をより引き出すため、二段階の温度で二工程かけて煎り上げるダブル焙煎を行った豆を、各店舗にチルド温度帯（十度以下）で配送して焙煎直後の品質を維持する。抽出に最適な軟水を使い、一杯ごとに挽きたてをペーパードリップする。専用サーバーなどすべてを見直す。

デザインにも力を入れ、専用サーバーも、ロゴも、トータルプロデュースをアート

セブンカフェのドリップコーヒー

ディレクターの佐藤可士和氏に依頼した。佐藤さんは「コーヒーを楽しむ日常の時間をより上質にしていきたいという思いで取り組んだ」という。

徹底して上質さを追求しながらも、レギュラーサイズ（百五十ミリリットル）が一杯百円という手軽さが支持され、一三年一月に本格展開を開始してから約一年間で、累計販売数は四億五千万杯を突破した（一四年二月末時点）。

これは、数あるカフェやファストフードチェーン店を上回る規模で、セブン-イレブンはまさに「日本一コーヒーを販売する店」になった。

注目すべきは、通勤客の多いオフィス街だけでなく、住宅地の店舗でも三十～五十代の主婦やシニア層が購入するなど、新しいニーズを掘り起こしたことだ。

リピート購入率は六〇％以上と、セブン-イレブンで販売する食品の中でも最も高く、購入者の約四割を女性が占める。従来、缶コーヒーの購入者のうち、女性の占める割合は約三割だったから、セブンカフェはまさに市場の空白地帯を掘り当てたことになる。

そのため、社会現象としても話題を呼び、日本経済新聞社の「日経優秀製品・サービス賞２０１３」においても、『コンビニでコーヒーを買う』という新たな消費行動が根付いた」として、最優秀賞・日本経済新聞賞を受賞した。

ただ、ここに至るまでは、実は失敗の連続だった。コーヒーの販売は、初期のセブン-イレブンのテレビCMでも必ず、その場面が映ったように、創業期から何度も挑戦したが、つくり置きしている間に味が劣化するなど、成果には至らなかった。

一歩踏み込んで新しいことに挑戦しても、すべてが成功するとは限らない。創業以来、挑戦のDNAを持つセブン-イレブンでも、顧客のニーズを探って開発した商品の八〇％は当たっても、二〇％は外れることもある。

このとき、八〇％当たっているからよしとするのではなく、われわれは外れた二〇％の商品について、妥協せずに成功に至るまで挑戦を繰り返す。

成功確率を高める上で重要なのは、けっして妥協はしないという「緊張感」が組織の中で共有され、浸透していることだ。

セブン-イレブンではファストフード類の新商品は、毎日昼食時に役員試食が行われ、パスしないと発売できないと前述した。試食できるのは全商品の一部であっても、欠かさず続けるのは、それだけ高い水準が求められるという緊張感を社内に浸透させ、徹底させる意味合いも大きい。

組織内で常に緊張感を求めるのは顧客の心理に対応するためだ。

顧客は満足より不満足の方が強く印象に残るため、外れが二〇％でも顧客はそれ以上に大きく感じる。一度失望されたら、積み上げてきた信頼も一気に失いかねない。失敗したら妥協せずに挑戦を繰り返し、成功しても手を緩めない。緊張感が成功確率を高める。それを徹底させるのが、リーダーの役割だ。

消費税率引き上げ後も底力を発揮

増税に合わせた商品政策を指示

金の食パンやセブンカフェがヒットを飛ばしていた二〇一三年（平成二十五年）秋、安倍晋三首相が消費税率を、翌一四年（平成二十六年）四月に五％から八％に引き上げる決断を下した。

消費税率が引き上げられれば、その影響で消費の落ち込みが予想された。私はグループ各社に対し、増税にどう対応するか、一つの方針を出した。

増税後であっても、新しくて質のよい商品を出せば売れる。一方、同じものだったら、消費税が上がる分だけ値段が高くなり、買い控えになる。重要なのは、質の問題である。商品を見直し、さらに質を追求するようにと。

普通は、消費の落ち込みをカバーするには、消費税が上がった分、値段を安くする発想に傾きがちだ。実際、そのような対応をとった流通企業も多かった。

それに対し、私が質を重視し、より上質な商品を提供する方針を打ち出したのは、顧客の心理を読んだからだった。

人間は損と得を同じ天秤にかけず、商品が同じなら消費税が三%上がった分、損に感じて、買い控えに傾く。その一方で、人間は常に新しいものを求める心理も持っている。

そこで、消費税が上がっても、それ以上に新しい価値が提供されれば、手に取ろうとする。今の消費者は価格以上に、質に価値を感じる。増税になるからこそ、質を重視しなければいけないと考えた。

この方針を徹底して実行したのが、セブン-イレブンだった。主力である弁当、惣菜などのオリジナル商品、PBのセブンプレミアムやセブンゴールドを全面刷新。約千六百アイテムある商品のうち、五月までに四割を、六月以降にさらに四割の商品について、高付加価値を追求した新商品やリニューアル商品に置き換えた。

例えば、高級おにぎりの「こだわりおむすび」の品質を圧倒的に向上させ、セブン-イレブン史上最高品質の「金のおむすび」を税込み価格百八十～二百二十円の高めの価格で新たに投入した。

既存の人気商品も、例えば、「炭火焼き牛カルビ弁当」は牛肉のうまみを逃さないよう製法を改良し、量も増やして、税込み価格も四百九十八円から五百六十円と、増税分を上回る一割強上げた。

残りの二割は価格の据え置き、もしくは、値ごろ感のある価格に改定した。おにぎりの「紀州南高梅」は梅の果肉感を高めた上で価格を据え置き、「特製やみつきチャーハン」は量を二十グラム減量して、三百九十八円から三百八十円に値下げした。

従来、白、黒の容器が混在していたお弁当のパッケージも、家庭の食卓で食べるのにふさわしいよう、白い容器に統一。色がシンプルなだけに、具材一つひとつも、盛りつけ方も、しっかりと量と質を備えていないと、貧弱に見えてしまう。ごまかしのきかない白い容器に変えることにより、弁当の中身の価値をさらに上げ、既存のコンビニ弁当のイメージを一新することに挑戦した。

こうした増税に合わせた商品政策が功を奏し、二〇一五年（平成二十七年）二月期第1四半期決算（三―五月）は、過去最高益を達成し、既存店売上伸び利率も前年比三・六％を記録。特に既存店の日販はその後も順調で、同業他社が増税以降、前年割れを続けるなかで、セブン‐イレブンは二十六カ月連続でプラスを維持した（一四年九月現在）。

金のおむすびなどは、発売二週間で販売目標を二割上回る二百万個以上を売り上げ、既存の高級おにぎりの約二倍の販売数で推移した。

一方、いわゆる低価格を全面に押し出した多くの小売業の業績はあまりかんばしくなかった。
増税という逆風下でも、顧客の心理をとらえた対応を行えば、業績を伸ばせること
を立証し、今の時代は顧客の心理が消費を左右することを示したのだった。

増税も二回に分けず、一回で行うべきだった

そもそも、今回の消費税増税について、私は消費者心理が置き去りにされた政策で消費は冷え込むと予想していた。一二年（平成二十四年）に増税法案が国会で審議されることになったとき、世論調査では賛成が過半を占めた。財政再建のためには避けて通れないと、多くの人は理屈では理解した。

ところが、増税が現実になろうとするにつれ、反対が増えていった。わが身にふりかかってくると、今度は心理や感情でとらえるようになったからだ。消費税増税について、国民の多くは理屈では総論賛成でも、心理的には各論反対だった。それが実態だったのだろう。

現代はモノがあふれている時代だ。消費税が上がるなら、あわてて買わなくていい

とみんな思う。とすれば、今はデフレ脱却が先決で、経済が上向いたタイミングで消費税を議論すべきであると、私は考えた。

もし上げるにしても、二段階で上げるのではなく、一回で五%から一〇%にすべきだと、ことあるたびに発言した。政策も理屈だけでなく、人間の心理を考えなければならないからだ。

経済学者は増税幅を少なくした方が影響が少ないと考え、それこそ一%ずつ五段階で引き上げるといった意見も出たようだが、それは人間の心理をまったく理解していない議論だ。心理的な影響は、増税幅が三%だろうと、五%だろうと同じだ。二段階に分けると、消費者は二年連続で二回も「痛税感」を味わうことになるのかと感じ、心理は冷え込む。

ならば、一気に一〇%まで引き上げた方が、消費の落ち込みは大きいかもしれないが、一度ですむ。それが人間の心理を読んだ政策だった。

一五年秋には二回目の増税が予定されている。経済が上向きとは言えない状況で再度増税すれば、消費は落ち込み、経済は縮小均衡に入っていきかねない。政府には、一四年の経済状況を十分に検討し、消費者の心理を読んで慎重に判断してもらいたい。時期を少し後ろにずらすやり方も検討すべきだろう。

ただ、再度の引き上げが実施された場合、われわれ売り手側が安易な価格引き下げを行えば、デフレ再来の引き金になりかねない。質を追求し、これまでにない新しいものを生み出し、需要を創造する。それが企業としてのとるべき道筋だろう。

日本発のセブン‐イレブンを「世界標準」へ

小売業は海外進出が早い方が有利か

コンビニ業界が「踊り場」にさしかかっていたころ、トップ自ら、「市場飽和」を口にしていた同業他社は、「国内市場はすでに飽和状態にあるから、これからは海外市場にシフトする」と宣言し、中国やアジア地域への出店に注力する姿勢を鮮明にした。

これに対し、私は逆に国内市場について、「コンビニこそこれから一番伸びていかなければならない」と考え、セブン‐イレブンの店舗運営のあり方を大きく転換し、それがコンビニ復活に至り、同業他社も追随した経緯は前述したとおりだ。

セブン&アイグループも、ヨーカ堂が一九九〇年代後半から中国の成都と北京に、セブン‐イレブンが二〇〇〇年代以降、北京、天津、成都の各都市に出店を続けている。

ただ、同業他社が海外に目を向け、マスコミも「日本の小売各社がアジアへの進出合戦を加熱させている」といった報道を繰り返している間も、私はその風潮とは同調しない路線をとった。

それは一つには、変化対応を徹底すれば、国内市場には十分に潜在的な成長性があり、投資効率の面でも国内出店の方が海外出店より、はるかに有効であるとの判断があった。

そして、もう一つは、小売業の場合、先に海外に進出したからといって、必ずしも有利とは限らないとの持論があった。普通は、先に出店すればいい立地をとれる、だから早く出店すべきだと考える。それは頭で考える理屈だ。

しかし、顧客の視点に立つと、話は変わる。顧客は後発チェーンでも店舗のレベルが高ければ、そちらを選ぶ。結果、その店が繁盛すれば、そこがいい立地に変わり、状況が逆転する。実際、日本の仙台でも、コンビニ各チェーンの中でセブン-イレブンは最後発だった。今は圧倒的なシェアを持つ。

メーカーは生産性の視点でコストが低い地域に進出するが、小売業は住民の所得が一定水準以上になった段階で進出しても遅くはない。それが投資効率を重視するわれわれの戦略だ。

国の違いを超えて競争力を持つ日本発の事業インフラ

その一方で、セブン-イレブンは世界十六の国・地域で約五万三千店（一四年五月末現在）を展開し、数ある流通チェーンの中でも世界最大規模を誇る。

ただ、問題は同じセブン-イレブンでも、経営の質や販売力という点では、大きな格差が生じていたことだった。その格差は国・地域の違いによるものではない。運営会社の違いだった。

世界各地のセブン-イレブンは、それぞれの国・地域の運営会社が本家本元のアメリカのセブン-イレブン・インクとエリアライセンス契約を結んでいる。

セブン-イレブン・インクは現在、日本のセブン-イレブン・ジャパンの完全子会社だが、エリアライセンス契約を結んでいる世界各地の運営会社（エリアライセンシー）に対しては、われわれはこれまで直接的には経営に関与してこなかった。その結果は業績の違いとなって表れた。

世界各地のセブン-イレブンの一店舗あたりの平均日販を比べると、上位の国・地域の運営会社は、いずれもセブン-イレブン・ジャパンが直接、経営に関与していたのだ。

このことは、裏返せば、セブン‐イレブン・ジャパンがつくり上げた事業インフラが、国や地域にかかわらず、競争力を持っていることの証明にほかならなかった。

セブン‐イレブンを信頼と品質の「世界ブランド」へ

日本のセブン‐イレブンは一九七三年（昭和四十八年）の創業以来、一定エリア内に短期間に集中出店するドミナント方式の出店戦略を徹底し、その多くのメリットを活かしながら、独自のシステムをつくり上げてきた。

中でも、われわれは特に次の四つのポイントに力を入れてきた。

①メーカーと一緒に品質の高い商品を開発する「マーチャンダイジング」
②顧客に愛される店づくりのための「店舗オペレーション」
③最新の店舗設備
④最先端の情報および物流のシステム

――この四点に注力した事業インフラにより、「顧客がほしい商品が、ほしいときに、ほしいだけ揃っているお店」を目指し、これが競争力となり、高い平均日販を可能にしてきた。

セブン-イレブン・ジャパンがつくり上げてきた事業インフラを世界各地のエリアライセンシーと共有し、その上でそれぞれのエリアライセンシーが地域の実情や市場の現状に合わせた改革を行っていけば、より大きな成長が可能だ。

そこで、二〇〇九年（平成二十一年）春、世界各地のエリアライセンシーを東京に招聘して、「インターナショナル・ライセンシー・サミット」を開催。セブン-イレブン・ジャパンとしては、今後、セブン-イレブン・インクと連携し、各国へのサポート体制の整備を積極的に図っていく方針を伝えた。

これからは、世界のセブン-イレブンが志を一つにし、経営力向上に向けた事業インフラの共有を進めていく。

例えば、韓国では、ロッテグループが出資する運営会社が約七千店を展開しているが、平均日販はかなり低めだった。そこで、日本のノウハウを導入して売り上げ増を目指すモデル店舗もオープンした。

商品開発や資材調達の共有も推進する。全世界のセブン-イレブンの力を結集すれば、世界中から優れた商品を有利な条件で調達することができるはずだ。現在、グローバル・マーチャンダイジングで開発したワインは日本、アメリカ、中国で販売し、好評を博している。

海外子会社を含めると、セブン&アイ・ホールディングスは二〇一四年、全世界で店舗数の総計が約五万五千店、総売上高はついに十兆円を突破した。

世界の小売業において、金額的には、一位の米ウォルマート(三十四兆九千億円)に次ぎ、仏カルフール(八兆八千億円)、英テスコ(七兆九千億円)、独メトロ(七兆三千億円)をしのぐ規模だ(海外企業については二〇一二年現在)。

事業インフラをはじめ、さまざまな経営のノウハウを日本から発信して、全世界で共有する。そして、それぞれの実情に合わせて最適化していけば、店舗数だけではなく、質的にも世界で最も優れた「ブランド」として、信頼と支持を得ることができる。より大きな成長が可能になれば、それぞれの国・地域で雇用を創出し、経済・文化へ貢献することもできる。

世界規模で改革を進めることにより、われわれが日本でゼロから仕組みをつくり上げた「セブン-イレブン」を「信頼と品質の世界ブランド」へと進化させることができると確信している。

セブン-イレブンが中東にも展開

信頼と品質の世界ブランドとしてのセブン-イレブン。その評価はすでに具体的な形で表れ始めている。中東屈指の世界都市であり、金融センターや観光地としても、急速な発展ぶりが世界中の注目を集めるアラブ首長国連邦（UAE）のドバイへの初出店だ。

「ぜひ、セブン-イレブンをドバイに出してほしい」

はじまりは、一人の中東の王子の来訪だった。UAEのカリファ大統領（連邦内最大のアブダビ首長国の首長）の孫にあたるザイード王子だった。

世界中からビジネスマンや観光客が集まるドバイに出店するコンビニとして、どこのチェーンがふさわしいか。ドバイにはすでにアメリカ系のチェーンが出店していたが、王子は改めて、日本をはじめ、各地のコンビニを自らくまなく見て回った。

店舗でのサービスを体験し、売られている商品も食べ比べし、最終的にどの国の、どのチェーンよりも、日本のセブン-イレブンがベストであると判断し、直々に要請に来られたのだった。

UAE政府は、自国の流通業を近代化し、消費者にとっての利便性向上を図る政策を掲げており、将来的にはフランチャイズ展開も視野に入れていた。

中東は遠い。私もそれまでは海外進出先として、まったく視野に入っていなかったが、ザイード王子から「ぜひ、セブン-イレブンのノウハウがほしい」と懇願された。その熱心さに押され、私は要請に応じる決断をし、一四年（平成二十六年）六月に契約を締結した。これで進出した国・地域は十七に増える。

出店開始は一五年（平成二十七年）夏。以降順次拡大していく予定だ。エリアライセンスの契約は、ザイード王子を代表者とする運営会社がセブン-イレブン・インクと結ぶ形になるが、セブン-イレブン・ジャパンが出店準備段階からかかわり、ドミナント戦略、チームMD、単品管理の手法、店舗設備、物流システムなど、事業インフラづくりを支援する初のケースとなる。

これからは、既存地域のエリアライセンシーに対する支援だけでなく、こうした新地域でのグローバル展開のケースも増えていくことだろう。

余談ながら、ザイード王子からは、契約に先立つ五月に予定されていた自身の結婚式に招待されたが、株主総会の時期と重なり、伺えなかった。「今度はいつでもおいでください。三日でも、四日でも時間をとります」と言われている。それだけ信頼をいただいているということだろう。

ドバイのセブン-イレブンがどんな店舗になるか、時間がとれたら、ぜひ見に行ってみたいと楽しみにしている。

ビッグデータを活かすには仮説が大切

世界的ビジネス誌で紹介されたセブン-イレブン

『ハーバード・ビジネス・レビュー』といえば、ハーバード・ビジネス・スクールの機関誌で、全米で二十九万人、全世界で六十万人のビジネスリーダーたちが購読するマネジメント誌の最高峰と言われる。

毎回、特定のテーマが特集されるが、「ビッグデータ」の問題を取りあげた二〇一三年十二月号に掲載された論文で、日本のセブン-イレブンが創業以来続けている経営の根幹となる取り組みが紹介された。

日本語版である『DIAMONDハーバード・ビジネス・レビュー』の二〇一四年五月号（特集：アナリティクス競争元年）にも掲載されたその論文のタイトルは、「つまるところビッグデータは不要かもしれない（原題はYou May Not Need Big Data After All)」。

マサチューセッツ工科大学の著名な経営大学院スローンスクールの研究者らが執筆

したものだった。

ビッグデータとは、コンピュータやITの進歩により処理が可能になった巨大で複雑なデータ集合の蓄積物のことと説明される。日本でも二〇一〇年代に入ってから、さまざまな事業への活用の可能性がにわかに注目されるようになった。

そうした風潮に対し、この論文は、企業が猛烈な勢いでビッグデータ関連の投資を繰り広げながら、「その多くは投資が報われているとはいえない状況であり、今後も報われない可能性がある」という実態に目を向け、「最大の原因は、大半の企業が手持ちの情報をうまく活用できていないことにある」と指摘した。

ただ、常にデータを利用して多くの利益を生み出す傾向が見られる企業もある。それは、「根拠に基づく意思決定」の文化を持った企業であり、その典型として、日本のセブン-イレブンにおける私の経営手法をあげていたのだ。

著者らが着目したのは、日本のセブン-イレブンが、コンビニ事業において「唯一にして最も重要な意思決定である発注」を、アルバイトやパートの従業員の手に委ねていること、そして、従業員の意思決定を支援するため、各店舗に販売に関するデータ、すなわち、前日のデータ、前年の同日のデータ、直近の似た天気の日のデータなどを送付していることだった。

その結果、セブン-イレブンが日本で「最も利益を生み出す小売業者になっている」とし、「優秀な人材が適切なデータを利用して適切な意思決定をする能力に、みずからの事業の成功を賭けた」と記していた。

この論文を受ける形で、『DIAMONDハーバード・ビジネス・レビュー』の方では、編集部による、私へのインタビュー記事も掲載された。

「データは構想に従う～消費者の心理はデータから読めるか」と題した記事の中で、私は、単にデータを大量に集め、分析するだけではそのデータが出てきた理由がわからず意味がないこと、最初に仮説を立て、その結果を検証するためにデータを分析することで初めて意味を持つこと、データはあくまでもツールにすぎず、仮説を立てないビジネスなどありえないことを指摘した。

この話を少し補足して説明しよう。

デジタルデータは人間のアナログの力が加わって初めて意味を持つ

小売業では販売データを把握するため、POS（販売時点情報管理）システムが使われる。

第3章で述べたように、日本で本格的なPOSシステムを全店導入したのはセブン‐イレブンが最初で、一九八二年（昭和五十七年）のことだった。アメリカでもPOSが普及し始めていたが、主にレジの打ち間違いや不正防止が目的で、POSデータをマーケティングに活用したのは世界でも日本のセブン‐イレブンが初めてだった。

セブン‐イレブンの国内総店舗数は約一万七千店、一日あたりの総来店客数は約一千八百万人。その購買行動から上がってくるデータはまさにビッグデータだ。それに対応するため、セブン‐イレブンでは数年ごとに、数百億円を投じて世界最先端の情報システムの導入を続けてきた。

問題は、そのデータの活用の仕方だ。

セブン‐イレブンの一店舗あたりの平均日販は六十六万四千円（二〇一四年二月期）で、他のチェーンと十二〜二十二万円の開きがある。なぜ、これほどの差が生まれるのか。数々の要因の一つに、販売データの使い方がある。

『ハーバード・ビジネス・レビュー』の論文が、データを利用して利益を生み出している典型的な例として、日本のセブン‐イレブンを紹介しているように、第一線の店舗において、「根拠に基づく意思決定」が行われているからだ。

一般的に、コンビニはPOSシステムの販売データをもとに、よく売れた商品を売れ筋として発注するように思われがちだ。実際、コンビニ・チェーンによっては、販売データの分析結果をもとにフランチャイズ店向けに、どの商品を発注すべきか、目安を示すシステムを導入し、店舗のスタッフはその目安に従って、発注する方法をとっているところもあるようだ。

これに対し、セブン-イレブンでは、店舗スタッフ自身による「仮説・検証」による発注を徹底して行い、データはあくまでも仮説を検証するために使うところが大きく異なる。各店舗では、発注分担といって、高校生のアルバイトでも発注を任される。素人同然のアルバイトでも、経営を左右する発注の仕事をこなせるのは、「仮説・検証」を繰り返すからだ。

明日の天気や地域の行事など、顧客のニーズを察知させる先行情報をもとに、明日の売れ筋の仮説を立て、発注する。自分で発注した以上、責任を持って売り切ろうと、陳列を工夫してアピールし、POP広告なども手づくりし、お客様に声かけをする。そして、販売の結果をPOSシステムの販売データで検証する。売れていれば仮説は正しかった、売れなかったら仮説がずれていたことになり、次の仮説に活かしていく。

もし、自分では何も考えずに発注をしていたら、販売データを見ても、何の検証もできない。よく売れた商品があったとしても、データは売れた理由を示さないので、なぜ売れたかわからず、次につながらない。

売り上げの数値データは、事前に仮説を立てることによって、初めて意味を持つ。

他チェーンとの平均日販で十二万円以上の差が生まれるのは、現場に一番近いそれぞれの店舗のアルバイトやパートのスタッフが、仮説に基づく発注とPOSデータによる検証を徹底していることが、大きな原動力になっているからにほかならない。

同じ「気温二十度」というデータでも、夏と冬とでは意味が違うように、数字は見方次第でいくつにも読み方ができる。このとき、仮説を立てておくと、数値データの意味が明確になり、次の仕事につながる。

セブン-イレブンの店舗での取り組みがそうであるように、ビッグデータのデジタル処理が可能な時代にあっても、そこにかかわる一人ひとりの日々の仮説の積み上げが、データの利用を可能にし、大きな成果に結びつくことを忘れてはならない。

オムニチャネルは「流通のあり方の最終形」になる

ネットとリアルの融合

「われわれは流通革新の第二ステージに入る」

二〇一三年(平成二十五年)十一月、都内のホテルで開催したセブン-イレブン創業四十周年記念式典において、私はこう宣言した。

四十年前、私は日本発の本格的なコンビニエンスストアチェーンであるセブン-イレブンを立ち上げ、既存の流通のあり方を根底から変革し、日本人の生活の利便性を高めるため、次々と革新的な取り組みに挑戦し続けてきた。

そして、今、日本社会は大きな転換期を迎えている。どの国も未だ経験したことのない少子高齢化社会の到来、それにともなう単身世帯の増加、女性就業人口も増え続け、その一方で、流通業界では中小小売店の減少が加速する。

この転換期に流通革新の第二ステージに入る。その新たな成長のシナリオとして掲げたのが、「オムニチャネル」の概念だった。

創業40周年記念式典で

オムニとは「すべて」の意味。オムニチャネルは、ネットとリアル、すべての顧客接点を連携させてアプローチする方法と説明される。ただ、われわれは独自のオムニチャネルを構想している。それについて話そう。

私は十年以上前、二〇〇〇年代に入るころから、「ネットとリアルを融合した新しい小売業を目指すべきである」と言い続けてきた。

すると、アメリカでも一～二年前から、ネットとリアルを統合するオムニチャネルという言葉が登場してきた。考え方に重なるところがあった。私はオムニチャネルを推進目標に掲げることを決めると、記念式典二カ月前の九月、グループ各社のトップおよび幹部社員およそ五十名を、アメリカへ実情視察に行かせた。

一般的に、ネット社会になり、ネットでの販売が増えると、リアルからネットへ顧客が流れ、その分、リアル店舗での販売が減ってしまうと思われがちだ。しかし、実情視察で明らかになったのは、オムニチャネルでは、むしろ、顧客との直接の接点を担うリアル店舗の質と量が重要なカギを握り、それがリアル店舗の成長にもつながることだった。

翌十月、グループ各社とともに、NTTデータ、NEC、ヤフー、グーグル、三井物産、オラクル、ネットイヤー、チームラボなど、外部の専門家も加わった「オムニチャネル推進プロジェクト」が発足する。議論を重ねて浮かび上がったのは、アメリカのモデルとは異なる、セブン&アイグループだからこそ実現できるオムニチャネルの仕組みだった。

世界最大のリアル店舗網を活かした独自のオムニチャネル構築

アメリカで先行して進んでいるオムニチャネルは、百貨店やディスカウントストアといった一業態でリアルとネットを結ぶ取り組みだ。しかし、これでは本当の便利さは提供できない。

これに対し、われわれが目指すオムニチャネルは、コンビニ、スーパー、百貨店、各種専門店、レストラン、ネット通販など、あらゆる業態が扱う商品について、二十四時間、いつでもどこにいても買い物ができ、都合のよい時間や場所で商品を受け取れるようにする。

このとき、圧倒的な強みを発揮するのが、近い将来、国内総店舗数が二万店に達すると予想されるセブン‐イレブンのリアル店舗網だ。デパートは近くになくても、近くのセブン‐イレブンで、デパートの扱う商品を注文し、届いたら受け取りに行く、あるいは配達してもらう。

例えば、想定されるのはこんな光景だ。

自宅で一人暮らしをしているお年寄りのもとへ、近くのセブン-イレブンの店舗スタッフが、食事宅配サービスのセブンミールの弁当や、注文の商品を届けに伺う。その際、会話の中から近々、息子さんや娘さんの家族が集まることがわかった。そこで、持参したネット端末を使い、グループ各社が扱う商品の中からニーズに最適な商品を紹介し、その場で注文を受け付ける。

こうした〝ご用聞き〟の仕組みなども取り入れれば、今までネット通販に縁がなかったお客様もあらゆる壁が取り払われ、ネットとリアルの境目を感じることなく買い物を楽しむことができるようになる。

また、働き盛りの家族は、それぞれ仕事や家事の合間にスマートフォンなどを通じて、ネットで買い物をするのが日常的になっている。スーパーの売り場で商品にスマートフォンをかざし、その場でネット注文して家に届けてもらったり、あるいは、勤め帰りに、注文した商品を近くのセブン-イレブンの店舗で受け取る。

ネット通販で購入した商品が、もし気に入らなければ、セブン-イレブンの店舗に持っていけば、あとは店側が返品の処理をするので、自分で送り返さずにすむ。

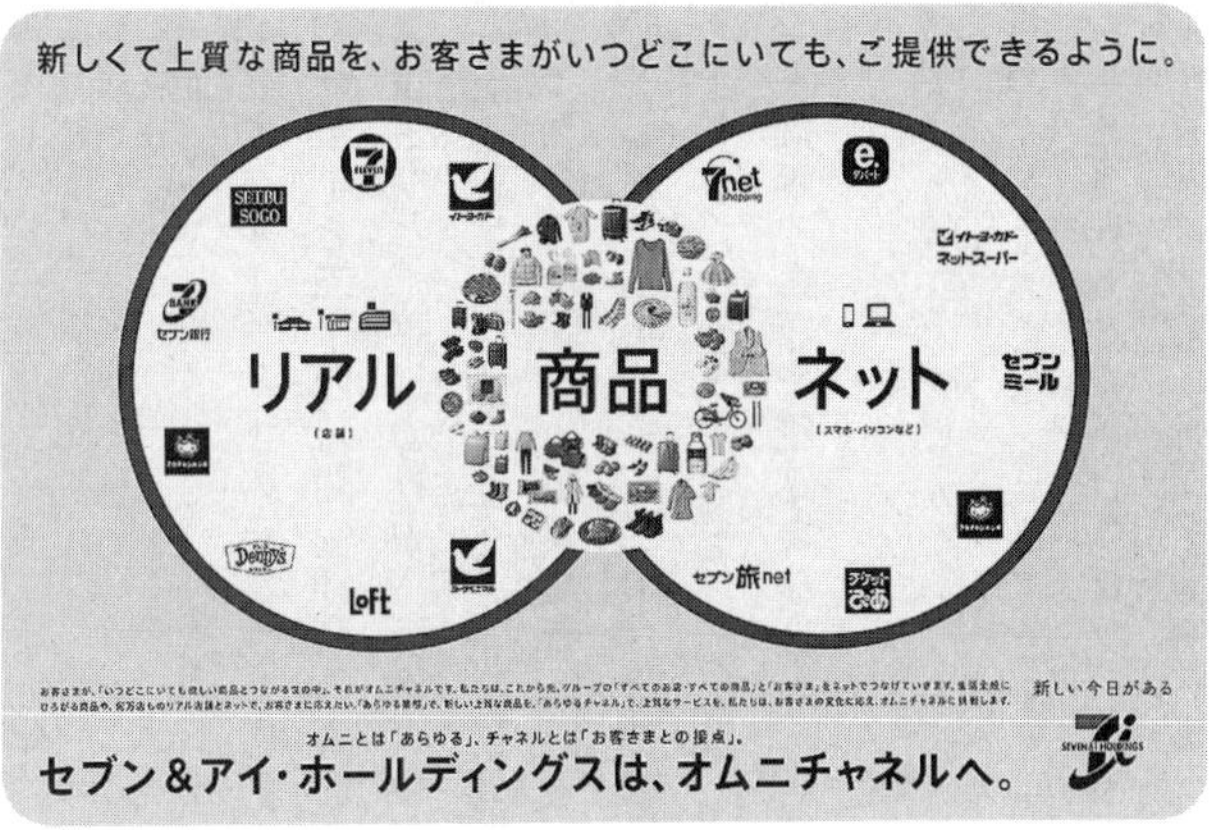

オムニチャネルを目指す

具体的な取り組みとして、一五年（平成二十七年）から、全グループをあげた実証実験が予定されている。

それに先がけ、実験の第一歩として、一三年末から広島県内のセブン-イレブン四百七十店舗で、顧客がグループ傘下のそごう・西武の通販サイト「e. デパート」で注文した人気の和洋菓子を二十四時間受け取ることのできるサービスを開始した。高齢者世帯や共働き世帯など、平日の日中、百貨店や専門店に出向くのが難しい層の〝買い物の不自由さ〟を転換するオムニチャネルの可能性を検証する。

従来ネットショッピングの経験のなかった層に、ネット端末に慣れてもらう試みにも着手した。第一弾として一四年（平成二十六年）四月から、地域の中小書店が減少するなか、「セブン-イレブンは街の本屋さん」と位置づけ、店頭での直接注文に加え、店頭に設置したネット端末で書籍や雑誌を注文し、店舗や宅配で受け取れるサービスを始めた。

オムニチャネルには、既存のグループ各社のほか、カタログ通販の「ニッセン」、ファッション・雑貨の「バーニーズ ニューヨーク」、インテリア・雑貨の「フランフラン」など、新たに傘下に入った各社のブランドも参画する。

ヨーカ堂に入社してから半世紀。流通の世界の変化を見続けてきた私から見ると、

「流通のあり方の最終形」はオムニチャネルになるのではないかと思える。そのとき、競争力を左右するのは、どれだけラストワンマイルのリアル店舗網を持てるかだ。

アメリカでも通販サイトAmazonが、セブン-イレブンの店舗に商品の受け渡し用ロッカーを設置しているように、ネット化が進むほど、リアル店舗の意味合いが大きくなっている。

その点、日本のセブン-イレブンは国内に世界一の規模の店舗網を持ち、グループも世界で類を見ないほど多様な業態を有している。これらを連携することで、世界初、そして、世界最強のオムニチャネルの仕組みを実現する。これがわれわれの目指す流通革新の第二ステージだ。

顧客が求めるのはプラットフォームの安心感

ネット通販の市場が拡大するなかでも、なぜ、私がネットとリアルの融合を唱え続けたのか。それはやはり、セブン-イレブンというリアル店舗網を持つ強みにいち早く気づいたからだった。

セブン-イレブンがeコマースに参入したのは、これから二十一世紀が到来しようという、二〇〇〇年（平成十二年）のことだった。

NEC、野村総研、ソニー、三井物産、JTB……と、業界トップクラス企業と共同で「セブンドリーム・ドットコム」という運営会社を設立。顧客はパソコンや携帯電話、セブン-イレブン全店に設置されているマルチメディア端末などから注文する。取扱商品・サービスは、物販はもとより、旅行・レジャー、音楽、写真、チケット販売、書籍、各種情報提供に至るまで幅広く揃えた。

通常のeコマースの場合、商品の受け渡しは宅配で行い、代金決済はクレジットカードや銀行振り込み、あるいは、宅配での受け渡し時の支払いが中心だった。

これに対し、セブンドリーム・ドットコムの特徴は、セブン-イレブンの全国の店舗網で商品の受け取りと代金決済を可能にしたことだった。バーチャルの世界であるインターネットと、リアルのコンビニ店舗を結びつけるやり方は、コンビニがこれほど普及した日本ならではの方式だった。

ただ、店頭での情報端末を使ったネット販売では同業他社の方が早く、セブン-イレブンはそれまで「今はそのタイミングではない」と慎重な構えだった。

それがようやく、「ビジネスとして成り立つタイミングが来た」と読んだのは、一つは、世界で最も優れた機能を持った携帯電話の普及だった。日本は、eコマース先進国でパソコン普及率の高いアメリカより、さまざまなサービス機能を持った携帯電話の普及度が高かった。私はこの携帯電話がインターネットの端末としてこれから多用されると考えた。

しかし、それ以上に、eコマースを本格的に手がけるべきだと確信した大きな理由は、やはり顧客の心理にあった。顧客がネットを使った買い物の仕組みのどの部分に何を求めているか、実感がつかめたのだ。

われわれはeコマースの事業に先がけて、ソフトバンク、ヤフー、トーハンの各社と一緒に書籍のネット販売サービスの「イーショッピングブックス」（当時）を始めていた。顧客はネット上で本を注文し、受け取りと代金決済はセブン-イレブンの店舗で行うほか、宅配便で配達する方法も用意した。

ところが、ふたを開けてみると、店舗での受け渡しを選んだ顧客が九三％も占めた。その中には、店舗が必ずしも近くにない顧客も含まれていた。それでもセブン-イレブンの店舗を利用するのはなぜなのか。

結局、時代の最先端を行くeコマースといえども、顧客はプラットフォームに対する安心感を求めようとする。イーエスブックスの場合、プラットフォームを体現するものとして、顧客との接点となる店舗の存在が安心感を与える。そこには人間の心理が表れていた。

単に情報を流し合うだけなら、店舗などいらない。しかし、モノを動かすとなると、そのプラットフォームには、いつでも受け取りや支払いができ、問題があれば簡単に返品できるという安心感の得られる仕組みが必要になる。

eコマースでも、安心感という顧客の心理を無視したら発展しない。その点、ネットとリアルを融合する形ならば、顧客の心理に応えることができる。だから始めようと考えたのだった。

この考え方は、オムニチャネルを推進目標に掲げている今も一貫して変わらない。オムニチャネルには、情報、物流、販売、ビッグデータの活用……など、さまざまなインフラの整備が必要だ。

ただ、大切なのはインフラだけではない。顧客に信頼して使っていただくには、顧客との直接の接点となるリアル店舗の充実がいっそう重要になる。リアル店舗で、実際に商品を手にして体感できるという満足感、フレンドリーな接客によって得られる安心感が高ければ高いほど、ネットへの信頼感も高まる。

それは一朝一夕にできるものではない。商品の質の追求、顧客の立場に立った接客など、日々の積み重ねが、根底を支える。ラストワンマイルでオムニチャネルの最前線を担うセブン‐イレブンの強さは、大きな競争力となる。

時間がかかっても必ず軌道に乗せる

われわれが構築するオムニチャネルはこれから取り組みが本格化する。それはすぐに利益が出る、出ないという類のものではない。最初は困難に直面することもあるだろう。新しい考え方を入れ、それが軌道に乗るにはやはり時間が必要だ。

ヨーカ堂で行っているネットスーパーもそうだった。ネットで注文を受け付け、既存店舗から個人宅まで注文商品を配達する宅配サービスを〇一年（平成十三年）から開始し、実施店および対象エリアを順次拡大してきた。

スタート当初は認知度も低く、赤字が続き、社内外から「黒字になることはない」という否定論がずいぶん聞かれた。それでも、需要は必ず伸びてくると考え、サービスの充実に力を入れていった。それも顧客の心理を読んだからだ。

ネットスーパーでは、商品をピックアップするのはその店舗の各売り場の担当者だ。もし、商品が顧客の期待に沿わなければ、次から利用してもらえない。担当者はプロとして自信を持ってお勧めできる商品を選ぶ。

ネットスーパーを利用すれば、時間が節約でき、しかも、売り場のプロが見定めた商品が宅配される。ならば利用しようと思うのが人間の心理だ。努力は結実し、参入各社とも利益が出ないなかで、ヨーカ堂は全実施店舗でいち早く黒字を達成した。

二〇〇〇年にセブン-イレブンで始めた弁当や惣菜などの配食サービス、セブンミールも、なかなか軌道に乗らず、担当者も、「これ以上続けるのは難しい。限界です」と言い出した。そのころは、委託した宅配業者が配達し、二百円の送料をいただく方式をとっていたが、なかなか需要が伸びなかった。

困難にぶつかったら、知恵を絞ればいい。私は担当者に別の仕組みを提案した。セブン-イレブンの店舗からスタッフが配達し、注文が一定金額以上なら配達料は無料にする。店舗には配達した分、インセンティブが入る。店舗側は配達時に、店にある商品の注文のご用聞きもできる。この方式に変えてから、需要が一気に増え、軌道に乗った。

今では、年中無休で、一日二回(昼、夕)、手渡しするサービスが、高齢者世帯の「見守り」に力を注いでいる地方の行政からも評価され、高齢者支援の一端を担うケースが増え、地域を支えるインフラになっている。

そもそも、コンビニで販売するおにぎりや弁当自体、「家庭でつくるものだ」と反対され、最初のころは、一店舗で一日に二、三個しか売れなかったが、地道な努力の積み重ねで、弁当はコンビニの代名詞的存在になり、おにぎりは年間十七億個を売り上げる。

セブン銀行も設立に反対され、立ち上がりでは苦労したが、セブン-イレブンや街の施設に設置されるATMは、今では金融サービスを支えるインフラに成長した。

オムニチャネルに対しても、マスコミや外部からは、否定的な見方をされることが多い。

ただ、われわれは困難に直面しても、需要やニーズについて仮説を立て、結果を検証し、次の仮説に活かすという「仮説・検証」を重ねる。目指すものを実現する方法がなければ、自分たちで実現する方法を考える。必要な条件が揃っていなければ、常識を破り、その条件そのものを変えていく。それが、われわれのやり方だ。

時代の転換期には、目指す方向を見定め、新しいことに着手したら、一つ一つ努力を積み重ねていく。すると、加熱した水が沸点に達するように、ある時点で必ず爆発点に到達し、壁をブレイクスルーすることができる。セブン-イレブンの四十年間の軌跡そのものが、先進的な取り組みに挑戦してはイノベーションを起こす、その繰り返しだった。

みんながいいと賛成することは、たいてい失敗し、みんなが反対することはたいてい成功する。オムニチャネルも利益が出るようになったとき、「これはいい」と、みんなが始めるようになることだろう。

オムニチャネルはグループの求心力にもなる

オムニチャネルは、セブン&アイグループにとっては、もう一つの意味合いを持つ。それは、私の経営トップとしての身の振り方とかかわる問題だ。

オムニチャネルが近い将来軌道に乗れば、われわれのグループは、全体としてのシナジー効果を発揮し、より発展していくことだろう。私も旗振り役として、軌道に乗せるまで、自分の責務を果たさなければならないと考えている。ただ、年齢的にも、そう何年も今の職にとどまっていることはできないだろう。

これまでは、グループの中核であるセブン-イレブンの創業に携わったことや、若くしてヨーカ堂の経営の中枢を担ってきたこと、そごう・西武との経営統合も中心となって進めたことなどが、〝目に見えない力〟となり、舵取り役を担うことができたように思う。

ときには、社内の反対の声を押して、トップダウンで施策を遂行させたこともあった。だからこそ、多様な業態を抱えながら、統括することできた。

しかし、これから先の代になり、グループ企業のすべてに通じた人間がいなくなったとき、その多様な業態が、方向性の分散化というリスクもはらむ可能性がある。このとき、オムニチャネルのグループ体制が大きな意味を持つ。

オムニチャネルは流通のチャネル戦略の一つと受け取られがちだ。一方、私はグループが持つさまざまなシステム、店舗網、販売方法など、すべての事業インフラを、ネットとリアルの境目も越えて、顧客を起点にして新たに組み直していくという顧客戦略だと考えている。

そのため、オムニチャネルにおいて、顧客の利便性や満足感を高めるためには、すべてのグループ企業が互いに連携し、一つの企業体として力を合わせる体制をつくっていかなくてはならない。

つまり、オムニチャネルの戦略そのものが、常にグループの中心となり、求心力のもととなる。そのような形が、多様な業態を擁する世界でも類を見ない流通サービスグループにとっては、最も適したあり方ではないかと思っている。

だからこそ、これから数年の基礎固めが重要になる。

最も避けなければならないのは、中途半端な取り組みだ。新しいことに挑戦するとき、既存の常識や固定観念を打破するには、ものすごく大きな馬力が必要だ。すぐには利益に結びつかなくても、まわりから否定的な声が聞かれても、けっして力を抜かず、一つひとつ積み上げていく。それには、当面、目に見えない力も必要だろう。

流通革新の第二ステージは、グループ全体の新たな成長ステージとなる。

一人ひとりの力が経営を支える

二〇〇五年（平成十七年）九月に、「新・総合生活産業」を目指して発足したセブン&アイ・ホールディングスは、その実現と企業価値の最大化に向け、以降、M&A（合併・買収）や業務提携を積極的に展開してきた。主なものを挙げると次のようになる。

・〇七年三月　雑貨専門店の「ロフト」を子会社化
・〇七年六月　マタニティ・ベビー・チャイルド用品の「赤ちゃん本舗」を子会社化
・〇九年十二月　チケット販売の「ぴあ」と業務・資本提携
・一〇年三月　CD・DVD販売最大手の一角「タワーレコード」に資本参加
・一三年十二月　インテリア・雑貨専門店フランフランを運営する「バルス」と資本業務提携
・一三年一二月　中四国に店舗を持つ百貨店「天満屋」と資本提携
・一四年一月　「BARNEYS NEW YORK」ブランドのファッション専門

店「バーニーズジャパン」の株式取得
・一四年一月　大手通信販売の「ニッセンホールディングス」を子会社化

私がM&Aや業務・資本提携において、常に念頭に置いたのは、自社についてのメリットだけでなく、相手先にどのようなメリットがあるかという点だった。

小売業は、人間集団によって成り立つ。相手先に大きなメリットがなく、そこで働いている人たちのやる気が出ないようでは、シナジーによる成果が期待できないからだ。

例えば、フランフランが女性層に人気のバルスには、先進的な商品開発力があってとても魅力的であり、他方、バルスの方はわれわれが持つマネジメントシステムを取り入れたいという希望があり、手を組むことになった。互いに気心が知れてうまくかみ合い、ウィンウィンの関係がつくれるような相手とは、同じグループとして、オムニチャネルを進めていくことになるだろう。

またオムニチャネルに関していえば、ウィンウィンの関係が見込めれば、資本関係にかかわりなく、参加企業を、さらに広めていくことになるだろう。

ダイクマ売却

一方、売却せざるを得なかった子会社についても触れておかなければならない。総合ディスカウントストア、ダイクマの話だ。

三十数年前の資本提携時には成長が期待された。しかし、所得階層ごとに利用する店の異なる諸外国と違い、同じ一人の消費者が高級専門店でも百円ショップでも買いものをする日本市場では、低価格戦略だけでは難しい。

売却先としてヤマダ電機があがった。一番気がかりなのは従業員の処遇だった。「従業員の継続雇用」を唯一の条件としてお願いすると、「IYグループ（当時、現セブン&アイグループ）という日本を代表する小売企業で育った人たちですから必ず大事にします」と言ってもらえた。これ以上望むことはない。

マイナス情報も包み隠さず、全データを開示し、示された価格をそのまま受け入れた。二〇〇二年（平成十四年）五月売却。社内では「売却価格が安い」という声があがったが、私はこう答えた。

「続けて働きたい人は全員ヤマダ電機の傘下で従来どおり働く。売却価格が安いと思うなら、その分は移っていく人たちへのプレゼントだと思ってほしい」

言い値で決まったことに一番驚いたのは仲介した野村証券だったようだ。

交渉で値をつり上げたしわ寄せが売却後、従業員に及ぶようなことがあったら忍びない。これまで一緒に働いてきた仲間たちへのせめてもの感謝の気持ちだった。

多くの仲間に支えられ

グループが今あるのは多くの人々の努力の結果だ。私は販売も仕入れも直接携わった経験がない。だから「顧客の立場で」考えるしかなく、自分自身の顧客心理から「おいしいものほど飽きる」などと一見理解しがたいことを言い続ける。それを実現してくれるのは、みんなの力だ。

「セブン-イレブンの弁当だからこそ家庭でつくる以上に安全安心でなければいけない」「専門店の質に負けてはならない」と言えば、社員たちが取引先と力を合わせて挑戦してくれる。

「商品を発注するときは常に仮説を立てなければならない」と唱えれば、店舗の学生アルバイトの人たちも周辺の工事現場の明日の日程などを見て、細かな情報を集め、仮説を立ててくれる。

われわれグループの経営は、特に店舗現場にいるパートやアルバイトの人たちの力で支えられているところが大きい。

商品発注の仮説を立てるためには、必要な情報を自分で見つけ、集めなければならない。発注の際に使う携帯端末のGOTには、気象情報や明日の催事などの情報が表示される。

しかし、単に、用意された情報にしたがって発注するのではなく、それらの情報も含めて、さまざまな先行情報を総合して自分なりに仮説を立てていかなければならない。

では、どうすれば意味ある情報を見つけられるのか。大切なのは、常に「顧客の立場で」考え、顧客のニーズに応えていこうとする問題意識があるかどうかだ。問題意識のフック（釣り針）をしっかり持っていると、必要な情報が向こうから引っかかる。

私自身、「よく鈴木さんはいろいろなことを思いつきますね。どうやって情報を集めているのですか」と聞かれるが、意識して情報を集めるというよりは、常に問題意識を持っていろいろなものを見聞きしていると、情報が頭の中のフックに引っかかる。

例えば、朝夕自宅と会社との往復の車の中で、ラジオをかけっぱなしにしておくと、必要な情報や気になる情報が引っかかる。高速道路の交通情報一つからも、その日の各地の人出について仮説を立てたりする。

大切なのは、常に問題意識を持って考える習慣づけをすることだ。最近、仮説思考が何かと注目されているようだが、何も難しいことはない。

絶えず変化する顧客のニーズに応え続けようという「あるべき姿」を忘れず、明日の顧客は何を求めるだろうかという問題意識を持っていれば、高校生のアルバイトでも仮説は立てられる。

ベテランであるが故に過去の経験に縛られたり、とかく競合店の動きにばかり目が行きがちなオーナーより、一歩店を出れば、顧客の立場になるアルバイトの方が、「顧客の立場で」仮説を立てることができたりする。

「われわれの競争相手は競合他社ではなく、真の競争相手は目まぐるしく変化する顧客のニーズそのものである」

グループのすべての社員、店舗のスタッフに繰り返し、訴え続けるのは、仮説を立てるときの原点を忘れないようにするためだ。

繰り返し述べるが、仮説は問題意識を持って自分で立てなければならない。その仮説が独善や独りよがりに陥っていないか、「もう一人の自分」から見てみることも必要だ。

その仮説が当たり、大きな売り上げを得ることができても、パートやアルバイトの場合、それで特に時給が上がるわけではない。

それでも、自分で責任を持たされ、自分で判断したことが成果となって表れれば、誰もがやりがいを感じる。その一人ひとりのやりがいによって経営が支えられている。

これは日本も、アメリカも、中国も同じだと私は思っている。

家庭は妻任せ、仕事に専念

家族にも支えられた。休日の昼食は私がセブン-イレブンで買ってくる弁当を妻の美佐子と一緒に試食を兼ねて食べることが多い。以前は細かく点数表をつけたりもした。妻には子供の教育をはじめ、家のことは任せっ放しにしてきた。

「子供のころ、親父が今日はうまいものを食べさせてやると言うから楽しみにしていたらセブン-イレブンの弁当だった」

息子たちには今もよく言われる。仕事に追われ家族旅行に連れて行った記憶もあまりない。

厳しい父親だったと思うが、長男の隆文は消化器外科の医師になり、健康面でサポートしてくれるのは心強い。孫も二人育ち、折を見て運動会などの応援に妻と出かける。

次男の康弘は以前は富士通でシステムエンジニアをしていたが、孫正義さんと出会ってソフトバンクへ転じ、傘下のヤフーとトーハン、セブン-イレブンを結びつけ、書籍、CD・DVD類のネット販売会社「イーショッピングブックス」を起業した。

この会社は、その後、セブン-イレブン・ジャパンの傘下に入り、今は「セブン&アイ・ネットメディア」として、グループのネット通販「セブンネット」の運営と同時に、オムニチャネルのまとめ役を担っている。

郷里にいたころ、私は多忙な母親にかわって面倒見のよい姉たちに随分助けられた。以来、私の人生はいつも誰かが手を貸してくれる。〇三年（平成十五年）、勲一等瑞宝章を受章したが、従業員、加盟店オーナー、取引先、家族など支えてくれた多くの人々に贈られた勲章だと銘じている。

人見知りが今も直らず、面と向かっては苦手だが感謝の念は忘れてはいない。

孫の運動会で

毎日が瀬戸際

任されて存分に働く

入社以来、長い歳月を共にした伊藤雅俊名誉会長とは経営に対する考え方が互いに対照的に見られがちだが、あらゆるものを「顧客の立場で」考える基本理念は変わらない。

伊藤さんは役回りとして常に石橋を叩く。セブン-イレブン設立、サウスランド社救済、中国進出とその都度慎重な姿勢を示したが、了解すればあとは任せてもらえた。

私は性分としてやるべき価値があると思ったら中途半端にできない。言いたいことを言い、やりたいことをやる私のような部下は、他のオーナー経営者の下だったら三日でクビになったはずだ。

そんな私の意見を入れ、後継者にまで選んだ伊藤さんは懐が深く、私は手のひらの上で動いているようなものだ。

経営手法がＭＢＡの教材に

イトーヨーカ堂やセブン-イレブン・ジャパンの経営は海外のビジネススクールなどでたびたびケーススタディとして取り上げられてきた。

二〇〇四年（平成十六年）四月には米ハーバード・ビジネス・スクール、六月には英ケンブリッジ大学に招かれ、それぞれ約百人のＭＢＡ（経営学修士）受講生を前に講義を行う機会を持った。

学生たちが特に関心を示したのは「消費は経済学ではなく心理学」という私の持論だ。「心理学的にどのように顧客の購買意欲を刺激するのか」「出店政策に心理学がどう役立つのか」と具体的な質問が相次ぎ、私も実践例で答える。講義の最後に両校ともスタンディングオベーションが起こったのはうれしい驚きだった。

かつてサウスランド社救済の際、社外取締役に就任してもらったハーバードの有名教授とコンビニエンスストアの経営の方向性をめぐってぶつかり、大論争した日が脳裏によぎり、隔世の感があった。

当たり前のことを当たり前にやり通す

こうしてグループの経営が海外で研究対象や教材として紹介されてきた学術的貢献などが評価され、〇三年（平成十五年）に母校の中央大学から日本人では初の名誉博士号を授与された。

そして、〇五年（平成十七年）から三年間、大学の理事長職を引き受けた。少子化時代を勝ち抜くための学校経営の改革が民間企業から参画する私の役割だった。大学組織の改革、広報活動の刷新、「戦略経営リーダー」の育成を目的とした日本で初めてのビジネススクール開設など、一定の成果を上げることができたと思っている。

過去の延長ではなく、一歩先の未来からかえりみて何をすべきかを考え、挑戦する。これをブレイクスルー思考と呼び、グループを挙げて取り組んでいる。ブレイクスルー思考で仮説と検証のサイクルを絶えず回していく限り、組織は目まぐるしく変化する市場のニーズに対応できるはずだ。

もちろん、一〇〇％成功するとは限らない。しかし、成功する保証はなくても七割方可能性が見えたら挑戦してみることだ。

ゴルフ場で

運もある。私の場合、組織にしがみつかなかったことが逆に運に結びついたのかもしれない。

既存の常識や過去の経験にとらわれない行動が、普通だったらなかなか出合えない幸運に結びつく。多くの人が妥協するところを妥協せずにきわめようとする行動が、そう簡単には手の届かない運を引きつける。その連続だったようにも思う。

今も仕事から手を引くまであと何段上ればいいかなどと計算ずくで考えたことはない。リタイア後はあれとこれをしようなどという算段もない。

ゴルフは気の合う仲間とよく出かけるが、目的は運動不足解消でただただ速く回る。行きつけの小金井カントリー倶楽部のキャディさんから「こんなに速く回るのは田中角栄さん以来だ」と驚かれた。

先の楽しみといえば、下宿時代から東販時代によく通った渋谷百軒店の名曲喫茶ライオンにまた出かけてみることくらいか。今も同じ場所で営業を続けていると聞いた。ふと学生気分に戻って、音楽に浸りながらのんびりコーヒーでも飲んでみよう。

それまでは毎日が瀬戸際と思い、一日一日を精一杯生きる。当たり前のことを当たり前に、ただし徹底してやり通す。これが私の生き方だと思っている。

おわりに

上司やリーダーの役割とは、つまるところ、どこにあるのだろうか。

私は三十歳でイトーヨーカ堂へ転職し、三十代前半から課長職に就いたため、約半世紀の間、人の上に立つ立場で仕事を続けてきたことになる。

その歩みをたどってみて、改めて思うのは、上司やリーダーとは、部下やメンバーが自分の頭の中でつくった固定観念や限界意識に縛られているとき、それを突破させてやることに、大きな役割があるということだ。

私自身、新しいことに挑戦する自分の提案や発案に対し、社内や部下たちの間から反対論や否定論が上がってきたとき、それが過去の経験や既存の概念にとらわれたものであれば、それを押して、トップダウンで実行を求めてきた。

挑戦には困難がともなうが、部下たちを、最大限能力を発揮せざるを得ない状況に置くことで、これまでにない創意工夫や並はずれた奮闘を引き出し、結果として大きな成果を導き出し、成功に至ることができた。

セブン-イレブンの創業、セブン銀行の設立、リーマン・ショック後の不況下での各種キャンペーン、最近ではセブンプレミアムやセブンゴールドの開発もそうだった。

また、部下やメンバーが自分ではそれと気づかずに、楽な仕事の仕方をしようとしたとき、一歩踏み出させて挑戦させることも、上司やリーダーの重要な役割だ。

本文にも書いたが、セブン-イレブンの創業当初、年中無休の営業のため、問屋に正月も配送を求めて、猛反発されたとき、部下たちは一時的に倉庫を借り、暮れのうちに正月分を確保し、自分たちが車で運ぶ方法を考えた。私がこれを突き返したのは、部下たちが楽な仕事の仕方へと流れたからだった。

問屋を説得し、正月配送の仕組みをつくるのは容易ではない。しかし、これから先、店舗数が拡大していったときのため、初めから仕組みをつくっておく必要があり、私は困難でも挑戦させ、結果、部下たちは奮闘して業界の常識を覆した。

最近では、出店計画で似たようなことがあった。同業他社が「国内の市場飽和」を唱え、「海外展開へのシフト」を打ち出していたころ、セブン-イレブンは反対に、二〇一二年度の出店計画として「千二百店」という、これまでにない高い数字を掲げた。

当初、社内から提案されたのは「一千店」の出店計画だった。それまでも何年か続けて、「一千店」の計画があがっていた。

セブン‐イレブンの店舗開発は年々ノウハウが蓄積され、新規オープン店でも店舗経営の質を高める努力を重ねた結果、不振店率はどんどん下がっていた。それほど実力がついた状態で、「一千店」の出店計画は、楽な仕事の仕方といわざるを得なかった。

われわれは何のために、苦労して店舗経営の質を高めてきたのか。私はいつもはあまり出店計画に口を出さないが、このときは、「一千店」を「千二百店」に引き上げさせた。

一一年度は「千二百店」、一二年度は「千三百店」、一三年度は「千五百店」、そして、十四年度は「千六百店」と、出店計画は引き上げられていった。

セブン‐イレブンでは以前も、〇二年度に出店を大幅に加速する方針を打ち出したことがあった。それまで、毎年四百五十店前後のハイペースで店舗増を続けたが、〇二年度は九百店という前例のない大量出店を見込んだ。

外部からは、「セブン‐イレブンが圧倒的な業界首位の座をより盤石なものにしようとしている」と見られたが、これも、過去の成功体験を捨てさせるための負荷だった。

例えば、前期は七百店だった出店数を七百二十店にすべきかどうかといった議論を毎年繰り返すだけでは、次第に誰も奮い立たなくなり、創造性も生まれにくくなる。

これに対し、九百店の大量出店となると、これまでと同じ仕事の仕方ではそう簡単には達成できない。

困難な課題であっても目標が明快であれば、それを目指して今までのやり方を見直し、新しい仕事の発想を探そうとする。そのとき、過去の経験の呪縛から離れれば、あらゆる制約条件が排除されていく。

達成が困難な水準に目標をあえて置くことにより自己変革を促す。それが上司やリーダーの役割だ。

困難な課題が設定されたら、さらに期限を短く区切ることも一つの肝要なポイントだ。

私が〇五年の正月の仕事始めに、グループの持株会社化を指示した際、部下たちは実現は「九月が精一杯」と具申したが、私は「五月の定例株主総会までに」と厳命した。早期実現が、そごう・西武の百貨店買収の呼び水になった経緯は本文で述べたとおりだ。

セブン&アイグループの新たな業態として、〇八年に生活応援型ディスカウントストア「ザ・プライス」を新規に開発したときもそうだ。

リーマン・ショック後の不況下で消費者の節約志向が高まり、消費に対する「価値と価格の両にらみ」が強まっていたなか、品質の高い商品をヨーカ堂の通常価格より安い価格で提供する。ザ・プライスは〇八〜〇九年にかけて次々出店した。

その一号店オープンのときだ。私はその年の六月に新業態開発を指示する際、二カ月以内でのオープンを求めた。ところが、翌七月に進行状況を聞くと、「年内には何とか」と歯切れが悪い。確かに常識を超える期間設定だったが、時間をかけていては急速に変化する顧客ニーズに対応できない。私は改めて、「八月中にオープン」を厳命した。

初めは「絶対無理だ」と否定的だったメンバーたちも数々の壁を突破し、オープン直前まで走り回って間に合わせてくれた。当日、ここまでこぎ着けられるとは思わなかったと、メンバーたち自身が驚いていたほどだ。

仕事は困難であればあるほど、期限をできるだけ短く区切った方がやるべき課題の本質が見えてきて、逆に不可能が可能になる。建築用のコンクリートは完全に乾くまで時間をかけないと、欠陥の建物ができてしまうが、それとは問題の本質が違う。難しい仕事だからと長く時間をかければ、それだけいいものができるわけではない。仕事の組み立てを変えることで期間を縮められる部分は数多くある。

部下たちが「できない」と思うのは、自分の中で限界をつくり、その範囲内で考えてしまうからだ。なぜ、できないと思うのか。理由の大半は本人が考えている限界にすぎない。このとき、「ここをこう考えれば、問題はなくなるだろう」と逆提案をして、本人が頭の中でつくった限界を突破させてやる。

今は実現する方法がないなら、自分たちで実現する方法を考える。必要な条件が揃っていなければ、既存の常識を打破し、条件そのものを変えさせる。その背中を押すのが、上司やリーダーの役割にほかならない。

もちろん、困難な課題を課すとき、上司やリーダーがただの思いつきで言っていたのでは部下もメンバーも動かない。自分自身の中で実現可能性の根拠を持たなければならない。一〇〇%成功はありえないにしても、七割方は可能性が読めることが必要だ。

それには、上司やリーダーは、常に問題意識や目的意識を持って、世の中の動きや市場のニーズの変化に目を配り、自分なりの「仮説」を立て、「答え」を持つ習慣を持っていなければならない。

私自身、世の中の変化や市場ニーズの変化を感じると、何らかの行動をとろうとする習性が身についている。釣り人が釣り糸につけられたウキをじっと見ていて、動きがあったら即反応するように、日々、グループ各社のデータを注視し、何らかの変化が見えたら、これは何を意味するのか、なぜ変化が表れたのかと考える習慣が骨の髄まで染み込んでいる。

それは、海外出張に出かけていても同じだ。東京の本部に何度も電話を入れ、最新のデータを聞く。それこそ、ふと夜中に目が覚めて、日本ではまだ社員が働いている時間であれば、電話をかけてしまう。

例えば、オープンしたての店で季節の変わり目なのに衣料部門で数字が出ていなければ、冬物と春物がどんな割合になっているか確認し、組み直しを指示したりする。あるいは、これから天気予報で気温が上がりそうであれば、発注はどういう指示を出しているか、確認する。

日本にいる社員たちは、私が海外出張に出かけ、現地は真夜中だから電話はかかってくるはずがないと思う時間にも、いつかかってくるかわからないので、出張時の方が緊張するという。社員たちには申し訳ないが、毎日グループ全体で二千万人の顧客がレジを通る流通企業にかかわっている以上、現状をリアルタイムでつかむことが経営者としての務めだと任じている。

最新のデータを知ったからといって、必ずしも毎回、そこに大きな変化が読み取れるわけではない。それでも、気になる。気になるのが当たり前だと思っている。

おそらく、小さな変化でも気になり、その意味合いを掘り下げようとする日々の問題意識が積み上がって、あるとき、セブン-イレブン創業やセブン銀行設立といった、大きな挑戦に結びついていくのではないかと私は思う。

その人の仕事の価値は、どんな仕事に携わっているかで決まるのではない。大切なのは日常的な意識の持ち方であり、挑戦する意欲を持ち続けることができるかどうかだ。

それは何歳になっても変わらない。私の六十年にわたる仕事人生そのものが一つのメッセージとして、挑戦という名のロマンを伝えることができたとすれば、私自身、それを喜びとして、また明日への一歩を踏み出す勇気が湧いてくる。読者と共に挑戦する人生を続けたい。

二〇一四年秋

鈴木敏文

〈付表〉年譜

西暦	年齢	主な出来事	社会の出来事
一九三二（昭和7）	0歳	・長野県埴科郡坂城町に生まれる。	・五・一五事件。
一九四六	13歳	・小県蚕業学校（長野県上田市 現上田東高校）へ入学。	・日本国憲法公布。
一九五二	19歳	・中央大学経済学部に入学。 ・政治家を志望し、国会通いを続ける。	・サンフランシスコ講和条約発効。
一九五三	20歳	・中央大学全学自治会書記長に最年少で選出される。	・NHKがテレビ放送開始。
一九五六	23歳	・出版取次大手、東京出版販売へ入社。 ・新設の出版科学研究所へ配属され、仕事をしながら、統計学と心理学を学ぶ。	・『週刊新潮』創刊。週刊誌ブームに。
一九五九	26歳	・妻美佐子と結婚。	・皇太子（明仁親王）ご成婚。
一九六二	29歳	・東販弘報課でPR誌『新刊ニュース』の誌面を刷新。部数を五千部から十三万部へ伸ばす。	・キューバ危機。 ・植木等の「無責任男」がブームになる。
一九六三	30歳	・株式会社ヨーカ堂へ転職。販促を担当する。	・ケネディ米大統領暗殺。 ・TVアニメ「鉄腕アトム」放送開始。

一九六五	32歳	・ヨーカ堂、商号を「株式会社伊藤ヨーカ堂」に変更（店名表記は「イトー・ヨーカ堂」に）。 ・人事課長も兼務し、新入社員採用のため全国の高校を駆け回る。以降、セルフチェック制度、社内資格制度、週休二日など、人事の仕組みをつくる。	・アメリカが北ベトナム爆撃開始。 ・日本初の海外パッケージツアーブランド「ジャルパック」登場。
一九六八	35歳	・人事部門、販促部門のゼネラルマネジャーに。	・超高層「霞が関ビル」完成。
一九六九	36歳	・イトーヨーカ堂蒲田店火災。 ・アメリカセミナー参加。	・アポロ11号月面着陸。
一九七〇	37歳	・イトーヨーカ堂労働組合発足。	・大阪で日本万国博覧会。
一九七一	38歳	・イトーヨーカ堂取締役に就任。	・ニクソンショック。 ・カップラーメン登場。
一九七二	39歳	・イトーヨーカ堂東証二部上場。 ・イトーヨーカ堂第一回アメリカ西部セミナー開講。	・沖縄、本土復帰。 ・ダイエー、三越を抜き小売業売上日本一に。
一九七三	40歳	・米デニーズ社とライセンス契約。 ・ヨークセブン設立（七八年にセブン-イレブン・ジャパンと改称）。専務取締役に就任。 ・米サウスランド社とエリアサービス&ライセンス契約。	・アメリカなど、ベトナム和平協定調印。 ・第一次オイルショック。狂乱物価が現出。
一九七四	41歳	・デニーズ1号店、横浜・上大岡にオープン。 ・セブン-イレブン一号店を東京都江東区豊洲にオープン。	・GNP、戦後初のマイナス成長。 ・漫画「ベルサイユのばら」大ヒット。

一九七六　43歳	・セブン-イレブン、正月三が日のパンの製造配送を実現。 ・イトーヨーカ堂第一回ヨーロッパセミナー開講。	・ロッキード事件発覚。 ・ニューファミリー層出現が話題に。
一九七七　44歳	・セブン-イレブン、出店数百店舗を達成。 ・イトーヨーカ堂常務取締役に就任。	・プロ野球巨人軍王貞治選手、通算七五六号本塁打の世界記録を樹立。
一九七八　45歳	・セブン-イレブン・ジャパン代表取締役社長に就任。 ・セブン-イレブンで日本型ファストフードとして開発を始めたおにぎりで、業界初の手巻きタイプを発売。大ヒット商品に。 ・セブン-イレブンで発注端末機ターミナルセブンを店舗に導入開始。 ・セブン-イレブン、出店数五百店舗達成記念のため、ハワイで合同祝賀会開催。	・池袋に超高層ビル「サンシャイン60」オープン。 ・日中平和友好条約調印。 ・ディスコフィーバー。
一九七九　46歳	・セブン-イレブン、設立六年で東証二部上場。当時は史上最短。	・第二次オイルショック。 ・インベーダーゲーム大ブームに。
一九八〇　47歳	・セブン-イレブン、日本の流通史上初の牛乳の共同配送開始。	・ダイエー、小売業界初の売上高一兆円。 ・イラン・イラク戦争勃発。
一九八一　48歳	・イトーヨーカ堂、八一年二月期決算で三越を抜いて小売業で経常利益日本一へ。 ・イトーヨーカ堂、中間期決算で一転、創業来、初の減益に陥る。	・日本最大のショッピングセンター「ららぽーと」が千葉県船橋市にオープン。

一九八二	49歳	・イトーヨーカ堂、「業務改善プロジェクト」発足（後に「業務改革委員会」と改称）。「業革」が始まる。総勢四千五百人の大人事異動を断行。	・ホテルニュージャパン火災。
一九八三	50歳	・セブン-イレブン、日本初の本格的POS（販売時点情報管理）システムの全店導入完了。	・DCブランドブーム。 ・エアロビクスダンスが流行。 ・東京ディズニーランド開園。 ・「おしん」ブーム。
一九八四	51歳	・イトーヨーカ堂専務取締役に就任。 ・セブン-イレブン、出店数二千店舗達成記念のため、サンフランシスコで日米合同祝賀会開催。	・ロサンゼルスオリンピック。
一九八五	52歳	・イトーヨーカ堂取締役副社長に就任。	・日航ジャンボ機が群馬県山中に墜落。 ・ファミコンブーム。
一九八七	54歳	・セブン-イレブン、出店数三千店舗達成記念のため、モナコで日米合同記念祝賀会開催。 ・セブン-イレブン、公共料金の収納業務取り扱い開始。	・国鉄分割民営化。 ・バブル景気。
一九八九	56歳	・日本フランチャイズチェーン協会会長就任。	
一九九一	58歳	・経営が悪化した米サウスランド社の株式を取得し経営再建を開始。三年目に黒字転換を果たす。	・湾岸戦争勃発。
一九九二	59歳	・イトーヨーカ堂で総会屋への利益供与事件発覚。 ・伊藤雅俊社長の引責辞任の後を継ぎ、イトーヨーカ堂代表取締役社長兼グループ代表に就任。 ・セブン-イレブン・ジャパン代表取締役会長に就任。 ・米テキサス大学で講演。	・地価公示価格、全国平均十七年ぶりの下落。 ・東証平均一万五千円を割り込み、六年半ぶりの低水準。

一九九三 60歳	・セブン-イレブン、オリジナルパン「焼きたて直送便」の展開スタート（二〇〇二年に全国展開完了）。	・百貨店の売り上げが六五年以来初の前年割れを記録。
一九九四 61歳	・日本チェーンストア協会会長就任。	・松本サリン事件。
一九九七 64歳	・イトーヨーカ堂、中国・成都に一号店を出店。 ・経団連副会長に就任。 ・藍綬褒章受章。	・北海道拓殖銀行、経営破綻。 ・山一証券、自主廃業申請。
一九九八 65歳	・イトーヨーカ堂、中国・北京に一号店を出店 ・小渕政権下で経済戦略会議の委員に就任。	・金融ビッグバン始動。 ・老年人口が初めて子供人口（十五歳未満）を上回る。
一九九九 66歳	・日本チェーンストア協会会長に再度就任。 ・小渕政権下で産業競争力会議の委員に就任。 ・紺綬褒章受章。	・欧州連合（EU）の単一通貨「ユーロ」導入。
二〇〇〇 67歳	・森政権下で産業新生会議の委員に就任。	・南北朝鮮首脳、初会談。
二〇〇一 69歳	・アイワイバンク銀行（〇五年にセブン銀行に名称変更）設立。	・小泉純一郎内閣発足。 ・米国九・一一同時多発テロ。
二〇〇三 70歳	・セブン-イレブン、国内小売りチェーンとしては世界最大規模の出店数一万店を突破。 ・イトーヨーカ堂代表取締役会長兼CEO、セブン-イレブン・ジャパン代表取締役会長兼CEOに就任。 ・勲一等瑞宝章を受章。 ・中央大学より日本人では初の名誉博士号を授与される。	・西友、産業再生法適用を申請。 ・六本木ヒルズ開業。

二〇〇四	71歳	・セブン-イレブン、中国・北京に一号店を出店。 ・米ハーバード・ビジネス・スクール、英ケンブリッジ大学に招かれ、MBA受講生に講義を行う。 ・小泉政権下で高度通信情報ネットワーク社会推進戦略本部員に就任。	・ダイエー、産業再生機構の活用を決定。 ・新潟県中越地震発生。
二〇〇五	72歳	・持株会社「セブン&アイ・ホールディングス」を設立し、グループを再編成。 ・中央大学理事長に就任し、大学改革に着手。	・郵政民営化法が成立。 ・六十五歳以上の高齢者人口割合が二〇%を突破。十五歳未満は一三%。少子高齢化世界一。
二〇〇六	73歳	・西武百貨店とそごうを傘下に持つミレニアムリテイリングを完全子会社化し、経営統合。	・ライブドア堀江貴文社長逮捕。 ・トリノオリンピックで荒川静香選手が金メダル獲得。 ・「まちづくり三法」。郊外への大型商業施設出店規制へ。
二〇〇七	74歳	・セブン-イレブンが小売業として世界最大のチェーン店舗数を達成。 ・独自の電子マネー「nanaco(ナナコ)」導入開始。 ・プライベートブランド「セブンプレミアム」発売開始。	・アメリカでサブプライムローン問題発生。 ・新潟県中越沖地震発生。
二〇〇八	75歳	・生活応援型ディスカウントストア「ザ・プライス」一号店オープン。 ・不況突破企画として「キャッシュバック」キャンペーン、「現金下取りセール」を実施し、注目を集める。	・リーマン・ショック。

二〇〇九	76歳	・セブン‐イレブンで「近くて便利」をコンセプトに、品揃えの大幅見直しを開始。 ・世界各地のエリアライセンシーを東京に集め、「インターナショナル・ライセンシー・サミット」を開催、サポート体制の整備を確認。	・裁判員制度がスタート。 ・衆院選で民主党が圧勝、鳩山内閣発足。
二〇一〇	77歳	・ワンランク上のプライベートブランド「セブンゴールド」発売。	・鳩山首相退陣、菅内閣発足。
二〇一一	78歳	・東日本大震災の被災地で店舗再建に注力。 ・佐藤可士和氏による新ロゴ、新パッケージを展開。	・東日本大震災発生。
二〇一二	79歳	・チェーン全店売上高三兆円を突破。 ・セブンミール、コンビニ初の本格的なお届けサービス「セブンらくらくお届け便」を全国拡大。	・東京スカイツリー開業。 ・自民・公明両党が政権奪還、第二次安倍内閣発足。
二〇一三	80歳	・セブン‐イレブン、四国初出店。 ・春期労使交渉でベースアップ決定。 ・「セブンカフェ」「金の食パン」が大ヒット商品に。 ・「オムニチャネル推進プロジェクト」発足。 ・セブン‐イレブン・ジャパン創業四十周年。	・日銀が異次元の量的・質的緩和を導入。 ・富士山が世界文化遺産に決定。 ・二〇二〇年夏季五輪・パラリンピックの開催地が東京に決定。
二〇一四	81歳	・セブンカフェ、累計販売数四億五千杯を突破。 ・セブン‐イレブン、二〇一五年にドバイに初出店決定。	・消費税率八％へ引き上げ。

本書は二〇〇八年十二月に日本経済新聞出版社より
刊行した同名書に加筆、文庫化したものです。

日経ビジネス人文庫

挑戦《ちょうせん》 我《わ》がロマン
私《わたし》の履歴書《りれきしょ》

2014年12月1日 第1刷発行
2015年1月16日 第3刷

著者
鈴木敏文
すずき・としふみ

発行者
斎藤修一

発行所
日本経済新聞出版社
東京都千代田区大手町1-3-7 〒100-8066
電話(03)3270-0251(代) http://www.nikkeibook.com/

ブックデザイン
鈴木成一デザイン室

印刷・製本
凸版印刷

定価はカバーに表示してあります。落丁本・乱丁本はお取り替えいたします。

Printed in Japan ISBN978-4-532-19750-6

nbb 好評既刊

稲盛和夫の実学
経営と会計

稲盛和夫

バブル経済に踊らされ、不良資産の山を築いた経営者は何をしていたのか。ゼロから経営の原理を学んだ著者の話題のベストセラー。

稲盛和夫の経営塾
Q&A 高収益企業のつくり方

稲盛和夫

なぜ日本企業の収益率は低いのか？ 生産性を10倍にし、利益率20％を達成する経営手法とは？ 日本の強みを活かす実践経営学。

アメーバ経営

稲盛和夫

組織を小集団に分け、独立採算にすることで、全員参加経営を実現する。常識を覆す独創的経営管理の発想と仕組みを初めて明かす。

鈴木敏文 経営の不易

緒方知行＝編著

「業績は企業体質の結果である」「当たり前に徹すれば当たり前でなくなる」――。社員に語り続ける、鈴木流「不変の商売原則」。

セブン-イレブンだけがなぜ勝ち続けるのか？

緒方知行
田口香世

セブン銀行やセブンカフェなどの新しいサービスで、流通業界一位を独走するセブンイレブン。40年間取材し続けた著者が勝者の理由を探る。